영가천도와 49재

KB234028

영가천도와 49재

파계사 율주 宗眞율사 감수

박연진 씀

민족사

감수자의 말

사람이 죽으면 어디로 가는가? 내생은 있는 것일까? 정말로 죄를 지으면 지옥이나 고통의 세계로 가게 되고 선행을 쌓으면 극락이나 좋은 세계로 가게 되는 것일까?

누구나 한 두 번쯤 이런 생각을 해보지 않은 사람은 없을 것이다. 하지만 이러한 의문에 대하여 그 누구도 현실적으로 눈에 보이는 확실한 대답을 하기가 매우 어려울 것이다. 당장 우리의 눈으로 확인할 수 없는 사후세계를 말한다는 것은 말처럼 그렇게 간단하지가 않기 때문이다.

그러나 우리는 부처님께서 설하신 여러 경전과 옛 선지식들께서 말씀하신 어록에서 그 해답을 찾을 수 있다.

"과거의 원인(因)을 알고자 하거든 현재의 결과(果)를 보고 미래의 결과를 알고자 하거든 현재의 원인을 보라.(선악인과경)"는 말이 있다. 우리가 지은 선악의 업인(業因)에 의해서 받게 될 과보(果報)를 생각하라는 말이다.

경전에 보면 선과 악의 결과에 대한 설명이 곳곳에서 나온다. 즉 선업을 쌓으면 고통이 없는 안락한 세상에 태어나게 되고, 악업을 지으면 고통의 세계에 태어난다고 한다. 그리고 그 선과 악의 많고 적음에 따라 극락세계와 지옥세계도 아주 다양하다고 한다.

다른 한편으로 생각해 보면 모든 식물은 씨앗을 남긴다. 그리고 그 씨앗은 다시 다음해 봄이 되면 솟아나 그 한 해를 보내는 것처럼 우리 인간도 금생의 선행이 내생의 좋은 결과를 가져오는 것은 어쩌면 당연한 일일지도 모른다.

불교에서 영가(죽은 이)를 위하여 그의 영혼을 천도하고 49재를 지내는 이유는 그가 속히 고통의 세계, 지옥의 세계를 벗어나서 편안하고 안락한 세계(극락세계)에 왕생하기를 기원하기 위한 것이다. 그러므로 가족이나 친지들은 영가를 위하여 부처님께 축원하고 또 보시(영가를 위하여 많은 사람들에게 베푸는 일)를 통하여 그의 명복을 기원하는 것은 망자를 위한 마지막 배려라고 할 수 있다.

이 책은 죽음 이후의 세계에 대하여 무섭거나 두려움보다는 몇 가지 사례를 들어가며 누구나 편하고 쉽게 공감할 수 있도록 쓴 책이다. 그리고 영가가 새로운 생명을 받기까지의 49일 동안에 일어난 일들을 설명하고 있는 《티벳사자의 서》의 내용을 알기 쉽게 간추렸으며, 한글대장경 제법집요경에 수록된 〈지옥품〉의 내용을 윤문하여 실었으니 참고하기 바란다.

파계사 율주 宗眞 합장

들어가는 말

한 해 두 해 나이를 먹어가면서 누구나 한 번은 살아가는 일이 두려워질 때가 있습니다. 어떻게 살아야 하나, 사는 게 왜 이렇게 힘이 들까? 그러나 나이가 조금 더 들고 세월의 무게를 감지할 수 있을 때가 되면 죽음에 대한 두려움에 시달리게 됩니다. 죽음은 어떤 것일까? 어떻게 죽어야 하나? 죽을 일이 걱정이다. 이런 여러 가지 걱정이 문득 문득 무섭게 밀려오곤 합니다.

진정 생각하면 생각할수록 캄캄하고 막막한

것이 죽을 일입니다. 숨을 내쉬지 않는 것, 움직임의 모든 정지, 완전한 이별······.

그 어떤 것 하나 만만하게 여겨지는 일이 없습니다. 경험해 볼 수도 없고 예측해 볼 수도 없는 일이기에 그 두려움은 더 클 수밖에 없습니다.

분명 죽음은 우리 인생에서 **빼놓을 수 없는** 일입니다. 그것도 언제 어떤 모습으로 찾아올지 어느 누구도 예측할 수 없습니다. 그저 다가오면 오는 대로 묵묵히 받아들여야만 합니다. 그런 까닭에 우리는 부지불식간에 죽음을 맞이하고 허둥지둥 이 세상을 떠나고 맙니다.

우리는 내일 입을 옷차림엔 마음이 급하면서도, 성공을 위해 하루하루 최선을 다해 일하면서도 죽음은 생각하지도 준비하지도 않습니다. 군이 죽음을 생각할 필요가 있을까? 어차피 맞을 죽음, 준비는 무슨 준비? 죽는 것도 준비할 수 있는 건가? 하는 생각도 들 것입니다.

그러나 우리는 죽음 앞에서 허둥대는 많은 사람들을 알고 있습니다. 역사 속의 인물을 군이 생각하지 않더라도 주변의 수많은 이들의 서글픈 죽음을 본 적이 있습니다. 회한과 아쉬움, 집착으로 절규하는 마지막 모습을.

49재는 바로 죽음을 준비하는 의식입니다. 물론 그 형식이야 이미 세상을 떠난 이를 위해 마련된 자리입니다. 그저 죽은 이를 위해 으레 치러야 하는 의식쯤으로 생각합니다.

그러나 영가에게 49일은 참으로 견디기 어려운 고통의 시간이면서 동시에 가장 소중한 시간입니다. 황망히 떠나는 길에 영가는 두려움으로 온갖 환영에 시달리며 49일 간의 중유기를 겪어야 합니다. 이미 숨은 끊어졌다고 하나 그 정신만큼은 생전 그대로이기 때문에 그 두려움은 더욱 클 수밖에 없는 것이죠.

하지만 긍정적으로 생각하면 참다운 떠남을 준비할 49일의 시간이 아직은 남아 있는 셈입니다. 새로운 생명을 받기까지 49일 간의 대기 상태, 그 시간을 어떻게 보내느냐에 따라 영가는 육도윤회로 들어서느냐 아니면 해탈과 극락왕생의 길로 들어서느냐가 결정되기 때문입니다.

49재는 그 혼돈의 여정을 해탈과 극락왕생으로 이끌어 주는 더없이 소중한 의식입니다. 이는 남아 있는 이들의 도움 없이는 대단히 어려운 일입니다. 불법을 들려 주고, 삶의 무상을

깨달을 수 있도록 진심으로 염원해야만 가능
한 일입니다.

　그리고 이러한 과정을 통해 남아 있는 우리
또한 진지하게 죽음을 준비해야 합니다. 죽음
을 준비한다는 것, 그것은 결국 지금의 삶을
보다 아름답게 꾸미는 일과 다르지 않기 때문
입니다.

　　　　　　　　　　　　박 연 진 씀

차 례

천도의 공덕

어디로 가는가? 어디로 가야 하는가?

누구에게나 평등한 죽음

49재에 앞서

영가(죽은 이)를 위한 진리의 만찬

49재는 사람이 죽은 날로부터 매 칠일째마다 일곱 차례에 걸쳐 49일 동안 죽은 이의 명복을 기원하는 천도의식입니다. 그래서 '칠칠일' 또는 '칠칠재'라고도 부릅니다. 49재는 불교의 천도의식이므로 대부분 사찰에서 거행되기 마련입니다.

망자의 장례가 끝나고 나면 영가(죽은 이)의 위패와 사진을 사찰에 모셔놓고 매 칠일마다 가족과 친지들이 모여 영가의 극락왕생을 기원하는 기도와 공양을 올리는 의식입니다.

이때 영가를 위해 제단에는 정성껏 마련한 다과(茶果)와 음식을 차려 놓기도 합니다. 외로움과 두려움으로 방황하고 있을 영가에 대한 따뜻한 배려의 뜻입니다.

49재는 천도의식(염불)을 집전하는 스님을 모시면서 본격적으로 시작됩니다. 덕이 높으신 스님이 시방세계에 계신 모든 불보살님을 청하는 대령·관욕을 시작으로 여러 단계에 걸쳐 영가에게 바른 가르침을 일러 줍니다.

법을 설하는 데 있어서는 스님께서 직접 설법을 하는 순서도 있지만, 대부분의 염불식순은 주로 부처님 말씀을 빌어 법문을 설합니다. 천수경, 무상계, 반야심경, 장엄염불, 금강경

등이 주로 49재에 독송하는 경전인데, 그 내용을 보면 물거품 같은 육신과 허상에 매이지 말고 참된 자기를 깨달으라는 것입니다.

그리고 그 외에 아미타부처님(아미타불)과 지장보살님에게 모든 죄업을 참회하여 소멸하고 극락왕생하기를 염원하는 마음으로 아미타경과 지장경을 독송하기도 합니다.

스님의 염불과 독경소리를 듣고 깨달은 영가는 지난 생을 차분히 돌아보면서 부질없이 집착하였던 스스로의 모습을 참회하게 됩니다. 그리고 마침내 삶의 무상을 바로 깨달아 탐욕과 성냄과 어리석음이 없는 고요한 세계로 떠날 마음의 준비를 합니다.

이렇게 칠일마다 스님의 염불과 설법을 들은 영가는 49재의 마지막 의식인 봉송(奉送)을 끝으로 아미타불의 영접하에 극락세계로 인도됩니다.

간혹 업이 무거워 49일이 지나도록 다음 생을 받지 못하는 경우도 있습니다. 그래서 49재를 마친 뒤에도 영가가 세상을 떠난 지 백일 되는 날 100재를 지내드리고, 여건이 된다면 1주기, 3주기까지 천도재를 지내 주면 더욱 좋습니다.

그리고 49재 때나 죽은 이가 이 세상을 떠난 지 100일째 되는 날 지내는 100재 때에는 참석한 분들과 기타 여러 불자들을 위하여 부처님께서 말씀하신 경전을 나누어 주기도 합니다.

경전을 나누어 주는 것을 불교에서는 '법보시(法布施)'라고 합니다. '법보시'란 부처님의 가르침(法)이 담긴 책을 보시한다는 뜻으로 이 역시 영가의 왕생극락을 위하여 자손들이 법보시를 합니다.

49재 의식의 순서나 규모는 각 사찰이나 집전하는 스님에 따라 다소 차이는 있을지라도 그 뜻과 중요절차는 크게 다르지 않습니다.

무엇보다 중요한 것은 49재는 부처님과 보살님들의 힘을 빌어 영가가 모쪼록 좋은 곳에 태어나기를 염원한다는 데 있습니다. 더 나아가서는 스님의 법문과 가족들의 정성어린 기원으로 영가가 비록 죽은 뒤에라도 한생각 돌려 해탈에 이르도록 하는 데 참뜻이 있습니다. 한 마디로 49재는 영가를 위해서 베푸는 법회요 진리의 만찬인 것입니다.

새로운 삶을 받는 시간

49재에서 말하는 49일이란 죽은 이가 중유기(中有期)에 머무르는 기간을 의미합니다. 중유기란 임종 후부터 새로운 생을 받기 전, 즉 죽은 후 다음 생이 결정되는 그 사이를 말합니다.

우리는 보통 죽으면 모든 것이 끝이라고 생각하지만 윤회의 굴레는 그렇게 쉽사리 벗어날 수 있는 것이 아닙니다. 누구나 한 생을 마감하면 선악의 결과에 따라 마치 새 옷을 갈아입듯이 극락이나 지옥, 축생(짐승)이나 아수라 등 그 어떤 세계에 다시 태어나게 되어 있습니다.

물론 경우에 따라서 49일 동안 중유기에 머무르지 않는 이들도 있습니다. 주로 악업을 아주 많이 지은 이나 선업을 아주 많이 쌓은 이의 경우는 중유기를 거치지 않고 곧바로 지옥이나 극락으로 가게 된다고 합니다.

그러나 우리 인간의 삶은 대체로 선한 일도 하고 악한 일도 해서 선업을 많이 지었는지 아니면 악업을 많이 지었는지를 심판하는 데에 시간이 좀 걸립니다. 그 기간이 49일입니다. 우리가 흔히 이야기하는 중음신(中陰神)으로 떠도는 기간을 의미합니다.

앞에서도 이야기했듯이 우리는 죽으면 생전에 지은 선과 악의 무게에 따라 지옥이나 극락 등 업보에 맞는 세계에 태어나게 되는데 그 결정을 7일 만에 1번씩 심판하여 늦어도 49일 안에는 모두 심판합니다. 그래서 죽은 지 49일 동안은 죽은 뒤 어떤 삶을 다시 살게 될 것인

가가 판가름나는 대단히 중요한 순간이라고
할 수 있습니다.

중유기는 왜 꼭 49일인가? 구사론과 유가사
지론 등에 따르면 중유기에 머무르면서 다음
생을 만나지 못하면 수차례 죽고 다시 태어나
는 것을 반복하게 되는데 그 기간이 7일이라고
합니다. 다시 말해서 사람은 죽어서 7일마다
생사를 반복하면서 출생의 인연을 찾는데 그
최대기간이 49일이라는 것입니다.

설사 49일 이전까지는 다음 생이 결정되지
못한다 하더라도 49일째에는 반드시 다음 생
이 결정된다는 것입니다. 우리가 49재를 임종
후 매 칠일째마다 일곱 차례에 걸쳐 올리는 이
유가 바로 여기에 있습니다.

칠일째마다 49재를 지내는 또 다른 이유 가

운데 하나는 시왕신앙에서 찾아볼 수 있습니다. 우리가 잘 아는 염라대왕을 비롯한 유명계 (저승)의 시왕(十王)이 죽은 이들을 심판하는데 매일 하는 것이 아니라 이레마다 심판을 한다고 합니다. 그리고 49일째가 되면 반드시 심판을 내려 내세의 과보를 결정하게 됩니다.

이 외에도 49일에 대한 이야기는 여러 경전에서 등장합니다.

지장경에는 사람이 죽으면 49일 동안 자기의 죄와 복을 알지 못한 채 어둠 속을 헤매다가 염라대왕 앞에서 생전에 지은 업보의 옳고 그름을 따진 뒤에야 업에 따라 다음 생을 받는다고 되어 있습니다. 이때까지 49일 동안 영가는 중음신으로 떠돌게 되는 것입니다.

나고 죽기를 반복하며 전생의 업보를 냉엄

하게 심판받는 세계, 그 혼미한 세계에서의 49일은 영가에게 진정 두렵고 막막한 시간일 것입니다. 육신을 벗기 전에는 감히 상상조차 할 수 없었던 일이라 더욱 그렇습니다. 그러나 분명한 것은 누구나 죽음과 동시에 이러한 중유기를 거쳐야 한다는 것입니다.

그러기에 옛 큰스님들도 이 49일 간의 힘겨운 여정을 누누이 일러 주시며 죽음을 미리미리 준비하라 말씀하셨던 것입니다.

신비의 땅 티베트에서는 천 년이 넘도록 성전으로 모시고 있는 교전이 있습니다. 바로 티베트어로 〈바르도 퇴돌〉이라는 책인데 우리나라에는 《사자(死者)의 서(書)》라는 제목의 번역본이 있습니다. 이 책은 깨달음을 터득한 고승들이 중생구제를 위해 다시 이 세상으로 환생한 후에 스스로 체험한 중유기에 대하여 써 놓았는데, 49일 간의 중유기가 어떤 현상으로 영가에게 펼쳐지는지 세세하게 알 수 있습니다.

《중음천도밀법》이라고도 불리는 이 책을 보면 죽은 날로부터 49일 동안 영가가 맞이하게 되는 현상을 하루도 빼놓지 않고 마치 영상으로 보여 주듯이 묘사하고 있습니다.

죽음을 받아들이지 못해 자꾸만 이승으로 돌아가려는 영가, 그러다가 그리움과 회한으로 애달파하는 영가, 마침내는 두려움으로 혼미해진 영가가 어떤 생을 선택하게 되는지에 대하여 자세하게 말해 주고 있습니다.

궁극적으로 이 책이 의미하는 것은 죽음을 준비하라는 겁니다. 죽음과 맞닥뜨리기 전에 수행 정진할 것을 권유하며 설혹 부지불식간에 죽음을 맞이했다면 남아 있는 이들이라도 영가의 죽음을 예사로 보지 말고 49재를 통해서 적극적으로 영가를 바른 세계로 인도해 주어야 한다는 것입니다.

결국 49일은 죽음을 준비하는 데 소요되는 기간이며 동시에 새로운 생을 준비하는 데 주어진 시간입니다.

사후 49일 간의 방황, 혼돈, 그리고 선택

사람은 죽으면 49일 간의 중유기에 들어 중음신이 됩니다. 그러나 망자는 죽은 지 사흘 동안은 죽음을 채 인식하지 못합니다. 살아 있는지 죽어 있는지 혼돈스러워 죽음을 현실로 받아들이지 못한 상태라고 할 수 있습니다.

그러다 사흘이 지나면 영가는 비로소 죽음을 인식하게 되는데 이때부터 무서운 세계에서 괴로움을 받게 됩니다.

한평생 지은 업에 따라 형언할 수 없이 무서운 아귀와 고통받는 지옥중생들의 환영을 만나는데, 영가는 이 환영들을 실제 상황으로 받아들여 극심한 두려움에 시달리게 됩니다.

영가는 이러한 고통 속에서 몸부림치다가 마침내 어디론가 숨어버리고 싶다는 생각을 하면서 무작정 과거의 업연을 따라갑니다.

살생을 많이 한 사람은 축생(짐승)의 세계로 가게 될 것이고, 이보다 더 많은 죄를 지었다면 고통 속에서 신음하는 지옥의 세계로 가게 됩니다.

영가는 환영에 대한 두려움으로 어느 곳으

로 가야 할지를 스스로 판단하지 못합니다. 그
저 자신이 한평생 지어온 업(業, 습관)대로 어
둡고 혼탁한 세계로 나아갈 뿐입니다.

그렇게 49일이 지나고 나면 영가는 부지불
식간에 축생세계나 여러 가지 지옥세계로 깊
게 빠져들게 되는 것입니다.

그러나 이때 만약 영가가 아미타불을 생각
하고 부른다면 그 두려움에서 벗어날 수 있습
니다.

두려움으로부터 벗어나 지혜의 눈으로 볼
때 영가는 중유기에 나타나는 모든 현상이 환
영임을 알 수 있습니다. 마침내 진실로 그가
찾아가야 할 곳을 알게 됩니다.

49재는 영가에게 두려움 없는 마음, 지혜의
눈을 밝혀 주는 의식입니다. 사후 49일 간의

끔찍한 고통으로부터 구해낼 수 있는 소중한 손길을 저버려서는 안 됩니다.

죽음 저편의 세계까지 헤아리는 혜안

언제부터 우리나라에서 49재와 영가 천도의식을 올려 왔는지는 분명하지 않습니다. 다만 전해오는 이야기로 신라시대 자장스님 때부터가 아닌가 하는 추측만 있을 뿐입니다. 자장스님 이야기를 들려드리면 이렇습니다.

자장스님은 계율을 청정하게 지키는 율사스님으로 명망이 높았던 큰스님입니다. 스님은 항상 계행을 철저히 지키면서 일념으로 수행 정진하셨습니다. 그런 스님에게 오랫동안 세워온 서원 하나가 있었습니다. 바로 지혜의 보살

인 문수보살님을 친견하는 것입니다. 문수보살
님을 친견하고자 하는 스님의 염원은 그야말
로 지극했습니다.

그러던 어느 날 스님의 정성에 감응하신 문
수보살이 거지의 모습으로 자장스님의 수행처
로 찾아오셨습니다. 그때도 스님은 기도정진을
하고 계셨는데, 웬 거지가 찾아왔다는 시봉의
말을 듣고 스님은 쳐다보지도 않고 그를 내보
내라고 시봉에게 일렀습니다. 문수보살이 찾아
왔건만 자장스님은 잠시의 교만과 아상으로
그만 문수보살을 친견하지 못하고 말았던 것
입니다.

문수보살은 그런 자장스님을 안타까이 여기
면서 청사자를 타고 하늘로 올라가 버렸고, 뒤
늦게야 스님은 그가 바로 문수보살이었음을

깨달았습니다.

참회와 회한으로 괴로워하던 자장스님은 마침내 스스로　육신을 버리고 문수보살을 따라 하늘나라로 올라갔습니다. 그리고 그곳에서 꿈에도 그리던 문수보살을 친견할 수 있었습니다. 그런데 문제는 자장스님이 다시 이승으로 돌아가려고 내려와 보니 이미 스님의 육신은 화장되고 없어진 뒤였던 것입니다.

숨이 끊어지면 바로 그 순간부터 모든 것이 다 끝이라고 여겼던 데서 빚어진 일입니다. 이 일화를 계기로 사람들은 49재를 지내게 되었다고 합니다.

사실 여부는 알 수 없으나 이 전설이 의미하는 바는 큽니다. 보이는 것만을 진실로 여기며 허상에 집착하는 우리네 중생심과 죽음이 모든 것의 완전한 단절이 아니라는 불교적 세계관을 일깨워 주고 있습니다.

이 이야기 외에도 여러 가지 기록들로 미루어 볼 때 49재나 영가 천도의식이 신라시대부터 행해졌으리라고 추정하고 있습니다.

불교의 전래, 그리고 1,600여년 간 도도히 흘러온 불심(佛心)의 강물, 그 속에서 우리는 눈에 보이는 현세뿐 아니라 죽음 저 건너까지도 미리 헤아리고 준비할 줄 아는 깊은 눈을 가지게 된 것입니다.

영가를 부르면 영가는 들을 수 있나?

49재나 영가 천도 이야기가 나오면, 우리는 미신이 아닌가? 하는 의심을 하게 됩니다. 이미 죽은 사람이 뭘 알 수 있으며, 또 재를 지내고 기도를 한다고 해서 달라질 게 없다고 생각하기 때문입니다. 그러니 음식을 차려 놓고 불경을 독송하고 염불하는 것이 다 부질없어 보이고, 한편으로는 그저 민간신앙쯤으로 여기게 되는 것입니다.

죽은 사람이 뭘 알까? 그리고 음식을 차려 놓고 스님을 모셔와 49재를 올린다 한들 영가가 자신의 왕생극락을 위한 자리인 줄 어떻게 알며 어떻게 찾아올 것인가? 그것은 애지중지 여겨 온 육신에 대한 집착에서 비롯된 생각입니다. 몸이 없어지고 나면 끝이라는 생각 말입니다.

우리의 몸과 정신을 가만히 생각해 보십시오. 몸은 앉아 있어도 우리의 생각은 못 가는 곳이 없습니다. 바다를 생각하면 바다에 가 있고, 산을 생각하면 이미 마음은 대청봉 혹은 그 어떤 산꼭대기에라도 가 있습니다. 그리운 이를 생각하면 그의 얼굴이 어느 새 마음 속에 떠오릅니다.

문제는 이 육체입니다. 우리가 할 수 없다고 여기는 일과 어렵다고 생각하는 일들은 모두 육체를 염두에 두고 있기 때문입니다.

육신을 벗어버리고 나면 영혼은 상상할 수 없을 정도로 맑아집니다. 그래서 영가들의 영혼은 우리들보다 무려 아홉 배나 맑다고 합니다. 그렇기 때문에 아무리 멀리서 불러도 단박에 찾아오며 또 아무리 어려운 법문일지라도 쉽게 이해할 수 있다고 합니다. 그러니 죽은 사람이 뭘 알까? 혹은 혼령이나 부르는 미신

적인 행위 아닌가? 하는 것은 남아 있는 사람
의 생각일 뿐입니다.

귀신을 달래는 것이 아니다

49재를 미신으로 생각하게 되는 또 하나의
이유는 무당들의 굿판에서 연유됩니다. 사실
49재와 천도의식은 오랫동안 우리들의 생활
속에 깊이 뿌리를 내려왔습니다. 불교를 믿는
사람이건 아니건 죽음을 맞으면 의례적으로
치러야 하는 중요한 절차로 여겨 왔던 것입니
다. 그러다 보니 민간신앙 차원에서 49재나 천
도의식이 거행되는 경우가 많았습니다.

자연히 사람들은 누군가 죽으면 마을 가까
이에 있는 무당을 청해 49재나 천도재를 올렸

고, 그 요란한 굿판 소리는 마을 전체를 울려 댔습니다. 어떻게 생각하면 마을 전체가 참여 하는 재의식이었던 셈입니다. 그만큼 굿판의 이미지는 넓고 깊고 강렬하게 각인될 수밖에 없었을 겁니다.

어느 정도 나이 드신 분들이라면 그런 굿판 을 보았던 기억이 한두 번쯤은 있을 겁니다. 무당이 펄쩍펄쩍 뛰고 그 앞에서 사람들은 울 기도 하고 두려워하던 광경 말입니다.

무당은 용케도 죽은 이의 성품이나 회한을 짚어내고, 가족들 중 한 사람과 죽은 넋을 접 신시켜 생전에 못다 한 말을 다 풀어내도록 해 줍니다. 그 광경은 사뭇 충격적입니다.

여기서 우리는 사후세계가 정말 있구나! 사 람이 죽으면 정말 귀신이 되는구나! 귀신이란

게 있긴 있구나! 하는 등등의 모호한 확신을 갖게 됩니다.

저도 어렸을 적 몇 차례 굿판을 본 적이 있습니다. 몇 살 때였는지 기억은 나지 않지만 그 광경만은 지금도 또렷하게 떠오릅니다. 아무개 집에서 오늘 굿판이 열린다는 소식으로 그 날은 마을 전체가 떠들썩했습니다.

굿판이 뭔지는 몰랐지만 어떤 강한 호기심을 불러일으키기에 충분했습니다. 담 너머로 들려 오는 요란스러운 소리에 이미 마음은 들떠 있었고, 마침내 그 소리를 따라 굿판이 벌어지고 있는 집을 찾아갔습니다.

무당은 이쪽 저쪽을 오가면서 정신 없이 소리를 내치고 있었고, 사람들은 그 앞에서 손바닥을 싹싹 빌면서 고개까지 숙이고 있었습니다. 분위가 점점 달아오르고 드디어 무당이 작두에 올라서는 순간 갑자기 무당의 표정과 목소리가 순식간에 달라졌습니다. 그리곤 빠르고 성난 목소리로 이야기를 하기 시작했습니다.

나중에 어머니 말씀으로는 무당의 표정과 행동이 죽었던 그 집 딸의 목소리나 행동과 영판 똑 같다고 했습니다. 맏딸로 태어나 집안 일을 도맡아 고생만 내내 하다가 병으로 세상 떠난 것을 한탄하면서 제 부모 원망을 그렇게 하더라고도 했습니다.

그렇게 신들려 있던 무당은 할 말을 다 하고 나서 본래 모습으로 돌아왔습니다. 그리고 가족들에게 처방을 내려주었습니다. 영가를 위해 좋은 옷과 돈, 그리고 음식을 장만해서 다시 한번 굿을 해야 한다고 했습니다. 한이 맺

헌 영가를 달래야 한다는 것이었습니다.

마을에서는 그 뒤로 이야기가 분분했습니다.
굿을 한 뒤 그 집의 액운이 다 없어졌다는 둥,
귀신이 한을 풀어 더 이상 장난질을 치지 않는
다는 둥 결과적으로 무당의 천도재가 영험을
발휘했다는 쪽의 평가였습니다.

이렇게 무당의 처방대로 하는 것, 여기까지
가 무당에 의지해서 올리는 천도재입니다. 그
렇다면 과연 그 영가는 천도가 되었을까요?

불교에서의 49재는 이와는 전혀 다른 의미
와 내용으로 올려집니다. 우선 불교의 49재는
귀신을 달래는 의식이 아닙니다.

먹고 싶은 것 못 먹었다고 우는 영가, 출세
하지 못했다고 우는 영가, 자식 걱정으로 사무

치는 영가. 그렇습니다. 세상을 떠나면서 마음
의 짐 하나 없는 사람은 거의 없을 겁니다. 무
속(무당)은 그러한 마음의 짐을 풀어 주는 데
주력합니다.

그러나 죽은 자의 마음의 짐, 한을 풀어 주
는 것은 아무 의미가 없습니다. 생각해 봅시다.
맛나는 것 한 번 먹었다고 다음에는 안 먹고
싶어지나요? 대통령이 되고 나면 출세에 대해
아무런 욕심이 없어질까요? 과연 그 한 번의
출세로 만족할까요?

자식이 대학만 좋은 데 갔다고 아무 걱정이
없겠습니까? 아닐 겁니다. 대학을 졸업하면 취
직해야 하고 결혼도 잘 해야 하고 출세도 해야
하고 돈도 벌어야 하고…… 욕심은 꼬리를 물
고 일어납니다. 문제는 당장의 한을 풀어 주는

것이 아니라 마음자리를 바로 갖도록 도와 주
어야 하는 것입니다.

다시 말하면, 우는 아기 달래듯이 사탕이나
쥐어 주고 마는 것이 무속에서의 천도재라면
불교에서의 천도는 육도윤회를 벗어나 바른
길로 들어서도록 하는 것입니다. 가족에 대한
걱정과 회한으로 동동거리는 영가가 삶의 무
상을 깨달을 수 있도록 한생각 돌려 주는 것이
불교에서의 천도재입니다. 바로 부처님의 불법
으로 말입니다. 그것이 49재의 참뜻입니다.

사후세계를 아예 부정하거나 아니면 무속을
통해 형성된 사후세계에 대한 왜곡된 믿음으
로 우리는 은연중에 49재를 미신과 연관지어
생각해 왔습니다. 그러나 무속에서의 굿판과
불교의 49재, 천도재는 엄연히 다른 것임을 잊

지 말아야 합니다.

좋은 곳으로 떠나소서

우리는 간혹 신이 들렸다는 사람들을 봅니다. 이승과의 연을 끊지 못하고 중음신으로 떠돌던 영가가 한 사람의 몸으로 들어온 경우입니다. 한 번 신을 받아들인 사람은 더 이상 자신의 의지대로 삶을 살지 못합니다. 신이 하라는 대로 신의 뜻대로만 움직이고 살아가야 하기 때문입니다. 만약 그렇지 않을 때는 우리가 흔히 이야기하는 무서운 신병을 앓게 됩니다.

이와는 다른 이야기지만 죽은 귀신의 장난으로 집안 일이 잘 안 된다고 호소하는 사람들도 있습니다. 하는 일마다 잘 안 되고 집안에 큰 병이 돌기도 하는 경우입니다. 그러다 어느 날 꿈에 죽은 사람이 다시 나타나 자신의 억울함을 호소함으로써 우환의 원인을 알게 됩니다. 이 모든 것이 다 제대로 천도되지 못한 중음신으로 인해 빚어지는 일입니다.

중음신이라 하면 죽은 후 49일까지의 영가를 의미하는데, 어째서 이렇게 오래도록 떠도는 영가들이 많은 것일까요? 이는 마음에 회한과 그리움을 끊지 못하고 이승에 집착하고 있기 때문입니다. 49일이 되면 각자의 인연과 업보에 따라 새로운 생을 받아 윤회를 해야 하는데 한이 많은 영가는 49일이 지나도록 죽음을 받아들이지 못하고 이승을 떠돌며 남아 있습니다.

무주고혼(無主孤魂)이란 말이 있습니다. 바로 연고 없는 외로운 영혼을 뜻합니다. 머무를

곳 없이 허공을 떠도는 영혼, 그 얼마나 외롭고 막막하겠습니까? 그 고통을 지장경에서는 이렇게 설명하고 있습니다.

"자신의 죄와 복을 알지 못하고 49일 동안을 바보처럼 귀머거리처럼 되었다가, 중생의 죄업을 심판하는 곳에서 업보의 옳고 그름을 따져 심판을 받고 그것을 결정한 뒤에야 그의 업대로 다시 태어나게 됩니다. 앞길을 예측할 수 없는 그 사이에도 근심과 고통이 천만 가지인데, 하물며 저 악도에 떨어졌을 때의 고통뿐이겠습니까?"

캄캄한 중음계를 기약도 끝도 없이 떠도는 일은 영가에게 대단히 괴로운 일입니다. 그럼에도 불구하고 영가는 어리석어 스스로는 떠날 생각을 하지 못합니다. 업이 두터운 까닭입니다.

그러나 만약 그의 가족이나 인연 있는 이들이 그를 위해 정성껏 49재를 올려 주었다면 영가는 중음신으로 떠돌지 않고 좋은 곳으로 다시 태어났을 것입니다. 부처님의 가르침과 스님의 법문을 49일 동안 들으면서 집착과 어리석음으로부터 벗어날 수 있었기 때문입니다.

　지장경 제1 서품에 보면 어떤 사람들이 지옥에 가는지를 자세히 설명하고 있습니다.

　"죽은 지 49일이 지나도록 망자를 위하여 공덕을 지어 고난에서 건져 주는 이가 아무도 없거나, 살았을 적에 착한 일을 한 바가 없으면 결국 본래 지은 업을 따라 지옥에 가게 됩니다."

　49재는 남아 있는 이들이 죽은 이를 위해 베풀어 주는 마지막 도리입니다. 나아가서는 현세에서의 인연을 더욱 좋은 인연으로 가꾸는 일이기도 합니다.

　죽었으니 이제는 끝이라는 무관심이 영가를 무주고혼으로 혹은 지옥세계를 떠돌게 할 수도 있다는 사실을 잊지 말아야 합니다. 나아가서는 더 좋은 곳으로 극락왕생케 할 수도 있음을 상기하며 진심으로 49재에 임해야 할 것입니다.

빈손으로 떠나는 길

　왕릉이나 옛 선비들의 무덤에는 갖가지 보물들이 함께 매장되어 있는 경우가 많습니다. 종종 문화재 발굴 기사를 통해 이러한 사실을 확인하곤 하는데, 그 내용물은 대략 비싼 보물이나 망자(亡者)가 생전에 아끼던 물건들, 자그

마한 식기들 등 다양합니다.

이러한 문화는 얼핏 보면 따뜻한 정감을 느끼게 합니다. 저승길 가는 길에 배고프지 않았으면, 또 외로운 길에 허전할까 염려스러워 생전에 손때 탄 물건들이라도 가지고 갔으면 하는 배려의 마음이 담겨 있기 때문입니다.

실제로 예전에 어른들은 저승길 가는 데 노잣돈이라도 있어야 한다면서 돈봉투를 상여나 영단에 올려놓기도 했는데, 이러한 풍습은 요즘에도 쉽게 볼 수 있습니다.

그러나 49재의 참뜻을 헤아려 볼 때 이러한 배려는 영가에게 별로 도움이 되지 않습니다. 가뜩이나 사무치는 외로움으로 이승을 차마 떠나지 못하는 영가에게 이러한 행동은 그리움과 회한을 부채질할 뿐입니다.

살아 생전에 탐했던 것, 좋아했던 것, 편안해 했던 것, 이 모든 것이 다 부질없음을 일깨워 줘야 할 마당에 오히려 가슴에 꼭꼭 담아 준다면 영가가 어찌 훌훌 털고 새로운 생을 맞이할 수 있겠습니까?

49재는 다른 모든 것을 여읜 오로지 진리의 만찬이어야 합니다. 바른 삶을 보여 주고 바른 법을 이야기해 주고 거듭 정진할 것을 권유하는 자리여야 합니다.

저승길에 허전하고 고생스러울 것이라며 금은보화를 쥐어 주는 것보다 빈손으로 가는 삶의 이치를 일깨워 주고, 자손을 그리워하는 이에게는 이별과 죽음을 자연의 순리로 이해할 수 있도록 해야 합니다. 그것이 49재를 통해 우리가 진정 베풀어야 할 것입니다.

누구에게나 소중한 등불

부처님 말씀은 언제 들어도 좋은 말씀입니다. 마음이 편할 때는 편한 대로 더없이 그윽하고, 마음이 불편할 때는 의원의 손길이 닿은 것처럼 고요해집니다.

영가에게도 마찬가지입니다. 업이 두터운 영가에게는 등불이 될 터이고 복을 많이 지은 영가에게는 지혜를 밝히는 법등이 될 것입니다. 설사 영가가 좋은 곳으로 태어났다고 해도 천도재를 지내 준다면 불법에 의지해 해탈의 길로 성큼 나아갈 수 있게 됩니다.

그리고 수행을 많이 해서 깨달음을 얻은 선사들에게도 재를 올립니다. 깨달음을 얻은 영가를 각령이라고 하는데 이분들은 이미 해탈에 이르렀지만 우리는 재를 통해 공경하는 마음을 염불로써 전합니다.

또한 사바세계에서 고통받는 중생을 위해 다시 사바세계에 와 주시기를 청하는 종사영반이라는 의식도 거행합니다. 이것은 영가를 좋은 곳으로 이끄는 천도의 의미는 아닐지라도 남아 있는 이들에게 큰 공덕이 됩니다.

이와 같이 모든 천도재는 영가에게나 남아있는 이에게나 큰 공덕이 되므로 가능한한 천도재를 올려 주는 것이 좋습니다. 또한 이 기

회를 통해 지난날의 죄업을 참회하고 업장을
소멸하여 단지 명복을 비는 재가 아니라 수행
의 좋은 기회로 삼아야 하겠습니다.

임종한 지 오래된 영가를 위한 천도

영가법문은 저승길을 밝혀 주는 등불입니다.
혼미하기만 한 저승길에 업보조차 제대로 알
지 못한 채 방황하는 영가에겐 나침반과 같다
고 할 수 있습니다.

어디로 가야 극락정토문이 있으며 해탈문이
있는지 영가는 영가법문에 의지해 찾아갈 수
있는 것입니다. 그러기에 우리는 임종 후 49일
동안 영가를 위해 49재를 지내줍니다.

그러나 미처 49재를 지내주지 못한 경우도

있을 것입니다. 전쟁으로 생사조차 알지 못하는 사람이 있는가 하면 수자령 영가(낙태한 아이의 영혼)까지 그 사연도 다양합니다. 하지만 비록 때가 늦었더라도 반드시 천도재를 지내 주어야 합니다.

중음신으로 떠도는 영가는 무척 외롭습니다. 그리고 누군가 자신을 위해 천도재를 올려 주길 간절히 바라고 있습니다. 비록 때를 놓쳐 오랫동안 중유기에 머물렀지만 늦게라도 천도재를 올려 주면 영가는 그 법문을 듣고 극락왕생할 수 있게 됩니다.

아직도 세상에는 수많은 무주고혼들이 떠돌고 있습니다. 주인을 찾지 못한 영가는 이승 주변을 맴돌게 되는데, 그것은 영가에게도 대단히 괴로운 일이지만 살아 있는 사람에게도 좋지 않습니다. 피었던 꽃도 흙으로 돌아가야 비옥한 토양이 되고 풍요로운 내일을 준비할 수 있듯이, 사람도 죽으면 이 세상을 떠나야 세상이 편안해집니다.

그래서 절에선 세상이 어지럽고 혼탁해지면 무주고혼을 위한 천도의식을 올립니다. 영가를 위한 배려이면서 동시에 세상을 맑게 하기 위해서입니다.

우란분재를 잘 아실 겁니다. 목련존자가 무간지옥에 떨어진 어머니를 구제한 것을 두고 기리는 의식입니다. 이 우란분재라는 말뜻은 "거꾸로 매달려 있는 중생을 말과 입과 뜻을 깨끗이 함으로써 구제한다."는 것입니다. 거꾸로 매달려 있는 중생을 구제하는 것만큼 큰 공덕이 어디 있겠습니까? 그러니 외로운 영가를 남이라 여기지 말고 불자님들은 적극적으로 천도를 해 주어야 합니다.

천도재는 49재와 달리 보통 7일 동안 지내는데 49재를 못 올린 영가를 위해서는 49일 동안 지내주기도 합니다. 그리고 49재를 올릴 때도 더불어 무주고혼의 천도까지 함께 배려하는 자비심을 내신다면 더욱 여법한 49재가 되리라고 생각됩니다.

무병의 고통은 천도로서 이겨내야

영가가 49일 간 천도되지 않으면 이승 주변을 떠돌게 됩니다. 이때 영가는 새로운 몸을 받지 못하고 그저 정처 없이 방황하느라 몹시 지치게 됩니다. 따라서 외로움과 이승에 대한 그리움은 더욱 커져 살아 있는 사람 곁으로 자꾸만 찾아옵니다. 그래서 간혹 '신들렸다' '신을 받았다'는 등등의 말을 하는 것입니다.

이렇게 신들리고 나면 몸과 마음이 뜻대로 움직이지 않고 뚜렷한 병명도 없이 병을 앓게 됩니다. 흔히 말하는 신병(神病), 무병(巫病)이 그것입니다. 한번 신을 받아들이고 나면 신의 뜻을 거역하기가 어렵습니다. 만약 거역하면 참을 수 없는 고통을 감수해야만 합니다.

그러다 신의 뜻대로 살겠다고 마음을 먹고 내림굿을 받으면 무병은 씻은 듯이 사라지게 됩니다. 그렇게 되면 신의 뜻대로 말을 하고 신의 뜻대로 살아가는 무속인이 되는 것입니다.

대부분의 사람들은 무병의 고통을 참지 못

하고 신을 받아들입니다. 그러나 이는 자신을 버리는 것과 다르지 않습니다. 자신의 의지대로 살지 못하고 귀신의 뜻대로 살아가야 하기 때문입니다. 그리고 그 영가에게도 도움이 되지 않습니다. 하루빨리 가야할 곳으로 떠나야 하는데 받아 주는 사람이 있으니 더욱 집착만 커져서 떠날 생각을 하지 못하게 됩니다. 당장은 머물 곳이 있는 듯 싶지만 결국 방황의 시간만 더 길어지는 셈입니다.

이렇게 신들린 사람은 반드시 법력 있는 스님을 찾아가야 합니다. 대개의 경우는 무속인을 찾아가 상담하는 경우가 많은데, 이는 궁극적인 해결방법이 아닙니다. 스님을 찾아가서 무병의 고통을 상담하고 영가 천도를 받아야 합니다.

이를 절에서는 구병시식이라고 하는데, 사람의 몸에 들어와 있는 영가를 부처님 위신력으로 잘 다스려서 가야 할 곳으로 떠나보내는 의식입니다.

며칠이고 스님의 법문을 듣고 나면 영가는 괴로워하면서 떼를 쓰지만 마침내는 저승길로 떠나 새로운 몸을 받게 됩니다. 영가에겐 천도를 해 주어서 좋고, 남아 있는 사람은 건강한 자유인으로 돌아올 수 있게 되니 더 없이 좋은 일이라 할 수 있습니다.

천도재에 음식을 차려 놓는 이유

영가는 자신의 업에 따라 나타나는 여러 가지 환영에 시달립니다. 그 괴로움은 상상하기 어려울 만큼 크다고 합니다. 영가는 업에 따라 중음기에서 여러 괴로움을 겪으면서 몹시 지치게 되는데 이때 심한 배고픔을 느끼게 됩니다. 육신이 사라져 먹을 수가 없는데도 생전에 음식을 먹던 습관이 아직도 남아 있어 음식에 대해 대단히 집착하게 됩니다.

식(識)이 맑은 스님들은 천도재를 지낼 때 영가들의 움직임을 볼 수 있는데, 합동재를 지낼 때 보면 수많은 영가들이 모여 음식을 이리저리 만지면서 아웅다웅하는 모습을 볼 수 있다고 합니다. 그래서 천도재를 지낼 때 영단에 음식을 차려 놓는 것입니다.

물론 영가는 육신이 없는 까닭에 입으로 음식을 먹을 수는 없습니다. 그 대신 냄새로 음식을 먹게 됩니다. 냄새가 많이 나는 부침개나

전을 천도재나 일반 제사 때 빼놓지 않고 올리
는 것도 바로 그러한 까닭입니다.

그러나 이 음식을 영단에 올리기 전에 항상
부처님전에 먼저 올리게 되어 있습니다.

천도의식이 시작될 때 부처님전에 음식을
차려 놓았다가 영가를 청하는 고혼청을 하고
음식을 베푸는 향연청을 할 때 비로소 불단에
놓여 있던 음식을 영단으로 옮기게 됩니다. 그
러므로 음식을 준비할 때 영가에게 올릴 음식
이전에 부처님께 올리는 공양물이란 사실을
잊지 마시고 공경과 지극한 마음으로 임해야
합니다.

그리고 재가 끝날 때까지 그 음식을 입에
넣거나 함부로 버리는 일은 없어야 합니다.

그렇게 배고픔을 풀어 주고 난 다음에 영가

의 죄업을 씻겨주고 해탈복을 입혀 새로운 마음을 갖도록 이끌어 줍니다.

그리고 나서 영가의 마음을 돌리는 법문을 들려 주는 의식이 시작됩니다.

죽어서까지 남아 있는 무서운 습관과 업으로부터 벗어나 해탈하라는 부처님 말씀은 영가에게 많은 생각을 불러일으킵니다. 당장 습관이 사라지진 않지만 천도 기간 내내 여러 번 경전 읽는 소리를 들으면서 영가의 마음은 조금씩 바뀌게 됩니다. 그리고 마침내 49일이 되고 나면 좋은 곳으로 떠나는 것입니다.

천도란 영가를 위해 베푸는 법회의식입니다. 업을 참회하고 마음을 다스려 좋은 곳으로 태어나게 하는 의식입니다. 나의 생각이 다르다는 이유로 영가의 괴로움을 나몰라라 하는 것은 도리가 아닙니다.

　문명과 과학의 발달로 점점 조상천도재를 무시하거나 가볍게 여기는 경향이 있습니다. 조상이 편해야 자손이 번성하고 영가가 편안해야 세상이 맑아진다는 사실을 우리는 잊지 않아야 하겠습니다.

어디로 가는가? 어디로 가야 하는가?

마음에 뿌린 씨앗

"모든 죄악을 짓지 말고 모든 선을 다 행하라(諸惡莫作 衆善奉行)."

아함경에 나오는 말씀입니다. 불교가 무엇이냐고 물어보는 향산거사 백낙천에게 조과도림 선사는 이 경구로써 대답을 대신했다고 합니다. '착한 일은 아무리 작은 것이라도 다 행하고 나쁜 일은 아무리 사소한 것이라도 짓지 말라'는 이야기입니다.

어찌 보면 진부하기도 하고 누구나 다 아는 시시한 소리로도 들릴 것입니다. 그러나 가만히 되짚어보면 이것만큼 실천하기 어려운 것도 없습니다. 스스로 작은 잘못을 짓는 일에는 관대해지고 작은 선행을 쌓는 일에는 무관심해지는 것이 우리네 마음이기 때문입니다.

왜 착한 일은 다 해야 하고 나쁜 일은 티끌만큼도 하지 말라고 하는 걸까요? 불교사상 가운데 하나인 윤회사상과 인과사상은 그 이유에 대해 답해 주고 있습니다.

인과라는 것은 뿌린 대로 거두는 것을 의미합니다. 그러나 요즘 인과에 대해 간혹 부정적인 생각을 하는 경우가 있습니다. 노력한다고 다 되는 게 아니라는 회의적인 생각, 혹은 나쁜 사람들도 잘만 살더라는 인과의 도리를 부정하고 무시하는 생각들입니다. 실제로 주변을 돌아보면 그렇게 보이는 경우가 많습니다. 그러나 그 마음 속을 들여다보면 보이는 것과 다릅니다.

아주 작은 일이라도 좋은 일을 하고 나면 누구라도 가슴이 뿌듯해집니다. 뭔가 부자가 된 듯한 느낌도 들구요. 반대로 나쁜 일을 하고 나면 공연히 조급해지고 또 다른 욕심으로 마음자리가 쉴 틈이 없어집니다. 품행이 바르지 않은 사람이 떵떵거리면서 잘 사는 것이 부럽기도 하겠지만 그들의 마음 속에 담긴 일그러진 얼굴까지 염두에 둔다면 인과의 도리를 부정하진 못할 겁니다.

인과란 보이는 결과로도 나타나지만 그 이전에 마음 속에 먼저 결실을 맺기 마련입니다.

선업이 드리우는 자비의 빛, 그것만큼 보배롭고 소중한 수확이 어디 있겠습니다. 윤회사상은 이 인과사상과 맞닿아 있습니다.

윤회라는 것은 말 그대로 바퀴가 돌듯이 돌고 도는 것입니다. 한 생이 끝나면 다른 옷을 갈아입고 새로운 생을 시작해야 하고, 그 다음엔 또 다른 생을 이어갑니다.

이렇게 전생과 현세 그리고 내세로 모든 생명은 거듭거듭 돌게 되어 있습니다. 그런데 무작정 윤회를 하는 것이 아니라 각자의 인연과 인과(因果) 즉 업에 따라 윤회를 합니다.

선업을 많이 지은 이는 자연 좋은 곳으로 태어나게 되고 악업을 많이 지은 이는 나쁜 곳으로 태어나게 되는 것입니다. 그것은 누가 꼭 심판을 내려서라기보다는 자신이 그렇게 선택하는 것입니다. 한평생 나쁜 마음과 나쁜 삶을 살아온 사람이 새삼스럽게 죽음을 맞아 좋은 생각을 어떻게 낼 수 있겠습니까?

업이란 그렇게 스스로의 마음 속에 씨앗을 뿌리는 행위입니다. 그러므로 "모든 죄악을 짓지 말고 모든 선을 다 행하라"는 가르침은 내일을, 그리고 나아가서는 죽음과 그 너머의 삶까지를 준비하는 첫걸음입니다.

업을 따라 도는 수레바퀴

삶이란 각자가 굴리는 바퀴와 같습니다. 열심히 굴리면 그만큼 멀리 나갈 수 있고, 게으르게 굴리면 제자리 걸음을 반복하게 됩니다. 또한 향기가 나는 곳을 향해 굴리면 우리의 삶은 향기로워지지만 험하고 가파른 곳으로 가면 언제 어떤 곳으로 떨어질지 모르는 위험에 처하게 되고 맙니다.

이러한 이치는 현재의 삶에만 적용되는 것이 아니고 전생과 현세 그리고 내세 영겁에 이르도록 이어집니다. 오늘의 삶이 어떠했는가에 따라 내세의 삶이 결정되는 것입니다.

이러한 윤회의 고리는 그 어느 누구도 벗어날 수 없습니다.

석가모니 부처님께서 고민하고 번뇌하고 마침내 보리수나무 아래서 깨달았던 것도 바로 윤회하는 삶을 끊는 데 있었습니다. 우리는 눈앞의 현상에만 급급해 내일의 일은 나몰라라 합니다. 그리고 고난에 처했을 때 근본 원인을 되돌아보지 않고 신세를 한탄하기만 합니다.

모든 일의 원인을 생각하고 내일을 미리 준비하는 것, 그것이 바로 부처님께서 우리에게 일러주신 윤회사상입니다. 어제가 있기에 오늘이 있고, 오늘이 있기에 내일이 있을 수 있듯이 현세의 삶은 윤회의 어느 한 지점임에 불과함을 일깨워 주셨던 것입니다.

죽음이 또 다른 시작일 수 있는 것은 바로 이러한 이치입니다. 그러기에 49일의 중유기는 죽음을 준비하는 과정이면서 동시에 새로운 시작을 준비하는 과정이라는 것입니다.

그러면 이 기간 동안에 결정되는 새로운 삶이란 어떤 것일까요?

윤회는 흔히 육도윤회라고 말합니다. 각자의 업연에 따라 윤회하게 되는 세계가 여섯 곳(六途)이라는 것입니다. 지옥, 아귀, 축생(짐승),

아수라, 인간, 천상 이렇게 여섯 곳인데, 지옥
은 누구나 알고 있는 곳으로 악업을 아주 많이
지은 사람들이 가는 곳입니다.

아귀는 몸은 수미산(큰산)만하며 탐욕 또한
아주 많은데 그 목구멍은 바늘구멍만해서 아
무것도 먹을 수가 없습니다. 수미산만한 몸과
탐욕스러운 마음을 충족시키고 싶어도, 먹을
것이 쌓여 있어도 먹지 못하는 고통, 그것이
아귀들의 고통입니다. 이곳은 만족을 모르고
끝없이 욕심을 부리던 사람이 죽어서 가게 되
는 비참한 세계입니다.

축생은 아시는 바와 같이 네 발 달린 짐승
과 새, 벌레들, 미물들의 세계를 말합니다.

아수라는 우리가 흔히 "아수라장이다"라는
말을 하는데 늘 싸움과 다툼이 그치지 않는 세

계로 남을 미워하고 시기하고 싸움을 많이 한 업보로 가는 세계입니다.

그 다음은 인간과 천상의 세계입니다. 인간 세계는 나고 늙고 병들고 죽는 것을 되풀이 하는 세계이지만, 그래도 사람의 몸을 가지고 깨달음을 이룰 수 있기에 선업을 많이 쌓은 이라야 다시 태어날 수 있는 곳입니다.

끝으로 계율을 잘 지키고 공덕을 많이 쌓은 이가 가게 되는 곳이 천상입니다. 우리는 언뜻 천상에 태어나는 것을 해탈과 동일시합니다. 그러나 천상은 육도윤회의 세계 가운데 하나 입니다.

비록 그 세계가 다툼이 없고 조용하며 모두 가 즐겨 수행을 한다고 해도 만약 이곳에서 나태해지면 그 과보가 다해 어쩔 수 없이 다른

곳으로 태어나게 됩니다. 다만 그래도 천상이
육도윤회 가운데 좋은 세계라 할 수 있는 것은
다른 다섯 곳보다는 고통이 적은 살기 좋은 곳
이기 때문입니다.

육도를 윤회하고 있는 한 우리는 삶의 주인
공이 아닙니다. 업력에 이끌려 육도 이곳 저곳
을 떠돌게 되기 때문입니다.

윤회를 벗어나 대 자유인이 되는 방법엔 두
가지가 있습니다. 수행의 힘으로 다시 태어나
는 원인을 없애 열반에 이르는 성도해탈문이
그 하나이고, 아미타불의 원력에 기대어 육도
윤회에서 바로 벗어나는 왕생정토문이 또 하
나입니다.

그러니 육신이 있을 때 부지런히 수행 정진
과 염불정진으로 마음을 밝혀야 합니다. 혹시

선근이 부족해 공부를 하지 못했더라도 세세생
생을 두고 부지런히 정진한다면 반드시 대자유
인이 될 수 있음을 잊지 말아야겠습니다.

피고 지고, 피고 지고

윤회의 과정을 유가지도론에서는 생유(生
有), 본유(本有), 사유(死有), 중유(中有), 이렇게
사유(四有)로 설명하고 있습니다.

생유(生有)는 우리가 어머니의 태 안에서 태
어나는 순간을 의미합니다. 생명의 탄생을 말
하는 것입니다.

그 다음 단계인 본유(本有)는 어머니의 태
내에서 세상 밖으로 나와 나이가 들어 죽음에
이르기까지의 과정을 말합니다.

회로애락을 겪으며 살아가는 우리의 삶을 의미하는 것입니다.

다음은 사유(死有)인데 수명이 길고 짧은 것에 관계 없이 오로지 죽는 그 순간을 의미합니다. 숨이 끊어진 자리, 이 육신과의 인연이 마침내 다 소진되는 순간입니다.

마지막 단계가 바로 중유(中有)입니다. 죽은 후부터 다음 생에 다시 태어나기 직전까지의 기간을 의미합니다. 이 때가 바로 49일 간의 중유기입니다.

우리는 어머니의 뱃속에서 태어나서 각자의 인연대로 살다가 마침내 죽음에 이르고 또다시 49일 간의 중유기를 거쳐 어머니의 태 안에 잉태되는 과정을 영겁토록 반복하고 있습니다.

그런데도 사람의 존재를 그저 태어나서 살

다가 죽는 존재로 여기는 것은 눈으로 보고 느
낄 수 있는 공간만을 염두에 두기 때문입니다.
그것은 다만 그렇게 보일 뿐이지, 우리는 인연
에 따라 업연에 따라 늘 새로운 모습으로 윤회
를 거듭하는 존재입니다.

이러한 윤회의 이치는 주변에서도 쉽게 확
인할 수 있습니다. 물이 얼음이 되고 우유가
버터가 되는 것, 꽃이 피었다 지지만 이듬해
다시 새로운 모습으로 피어나는 것, 늘상 일어
나는 일이기에 이 모든 현상은 극히 자연스럽
게 여깁니다. 그러면서도 윤회를 생각하지 못
하는 것은 역시 눈으로 보고 확인할 수 없다는
이유 때문입니다.

자연의 이치를 벗어날 수 있는 존재란 없습
니다. 인간 또한 자연의 일부입니다. 피고 지는

꽃처럼, 뿌린 대로 수확하는 대지처럼 우리의
생명도 그렇게 윤회하고 있는 것입니다.

전생의 '나' - 현세의 '나'

부처님께서는 윤회를 일러 다음과 같은 게
송을 남기셨습니다.

업을 짓는 자도 발견할 수 없고
과보를 받는 자도 볼 수 없다
실체없는 현상만이 유전할 뿐
이렇게 보는 것이 바르게 보는 것이다.

각자가 지은 대로 내세의 과보를 받는 것이
윤회라고 했습니다. 그런데 부처님께서는 왜
'업을 짓는 자도 과보를 받는 자도 볼 수가 없

다'고 하셨을까? 끝없이 반복되는 것이 윤회라고 했는데 그렇다면 '업을 짓는 사람, 과보를 받는 사람은 누구인가?' 하는 의구심이 듭니다.

우리가 '나'라고 생각하는 사람은 어떤 사람인가를 생각해 봅시다. 키가 160센티에 몸무게가 55kg이 나가고, 성격은 급하며 학력은 어느 정도며, 아이는 몇 명을 두었고, 나이는 몇 살이고, 음식은 어떤 것을 좋아한다는 등등의 것들로 뭉쳐진 존재가 바로 우리가 생각하는 '나'입니다.

그러나 그것은 이승에서 인연에 따라 상황에 따라 또 전생의 업연에 따라 형성된 '나'일 뿐입니다. 이 몸을 지녔을 때만 존재하는 '나'인 것입니다. 하지만 죽음에 이르러 육신을 벗고 나면 그 이전에 '나'란 존재하지 않습니다.

사후 49일 간의 중유기를 거쳐 새로운 몸을 받으면 그 이전에 '나'는 존재할 수 없는 것입니다. 전혀 다른 새로운 몸과 주변 조건 속에서 어떻게 예전의 '나'가 있을 수 있겠습니까?

'나'라고 여기는 자아는 끊임없이 생겨나고 사라지는 무수한 변화의 한 과정에 지나지 않습니다. 파도가 밀려왔다가 밀려가는 것처럼 보이지만 실제로는 거대한 물 위에서 오르락내리락 한 것에 불과한 것처럼 업이라는 바다에 그때 그때의 바람과 주변 상황에 따라 잠시 '나'라는 자아가 형성된 것입니다.

그렇기 때문에 엄격히 말해 생명의 모체는 아닌 업이라고 할 수 있습니다. 우리가 거하지 못하는 이유가 여기에 있습

태어나서 살다가 죽음에 이르러 49일 간의 중유기를 거칠 때까지는 누구나 기억을 할 수 있습니다. 49일 간의 중유기에는 육신은 없지만 육신이 있었을 당시의 감정과 의식을 그대로 가지고 있습니다. 하지만 그것도 잠시, 49일이 지나면 새로운 생명으로 환생하게 됩니다. 악업이 두터웠던 사람은 지옥이나 축생으로 가게 될 것이고 선업이 많았던 사람이라면 인간세계나 천상으로 태어나게 됩니다.

그런데 이렇게 일단 새로운 생명으로 태어나게 됨과 동시에 이전에 '나'라고 하는 의식은 없어집니다. 49일 간의 중유기를 지나 새로운 탄생을 위하여 모태 안으로 들어서는 순간 영가는 기절(과거 전생의 모든 것을 잊어버림)을 하기 때문입니다.

우리 인간의 영혼보다 무려 식이 9배나 맑았던 영가지만 잉태되는 순간, 그 찰나에 영가는 전생의 모든 것을 까맣게 잊어버리고 마는 겁니다. 새로운 환생을 그렇게 준비하는 것입니다.

간혹 전생을 기억하는 사람들이 있습니다. '조선시대 어디어디에서 살았다', '누구 집안 자손이었다' 등등 제법 상세하게 기억합니다. 또한 평범한 사람들 가운데에서도 낯선 길을 가는데 익숙하게 여겨질 때가 있다거나 전생에 한 번쯤 왔던 곳 같다고 느낄 때가 있습니다.

그러나 이러한 현상은 과거를 기억한다기보다는 생명체에 내재된 본능적 직관에서 기인한다고 할 수 있습니다.

그러나 대부분의 사람은 지금의 몸을 벗고

새로운 몸을 받은 다음에는 전생을 전혀 기억할 수가 없습니다.

49일 간의 여정을 상세하게 그려놓고 있는 티베트의 성전 《사자의 서》를 보면, 태 안에 들어서는 순간 영가는 기절을 하고 동시에 모든 의식이 캄캄한 무(無)의 상태로 돌아간다고 합니다. 이러한 까닭으로 우리는 전생을 기억할 수 없습니다.

하지만 깨달은 이들의 환생은 조금 다릅니다. 부처님께서 부처님 전생을 이야기하듯 깨달음을 이룬 분들은 중생제도를 위해 스스로 환생을 선택한 까닭에 전생을 기억합니다. 어쩔 수 없이 육도윤회를 반복하는 것이 아니라 해탈의 경지에서 중생구제라는 큰뜻을 펴기 위해 선택한 환생이기 때문입니다.

죽을 때 반드시 가지고 가야 하는 것

무언가 하려고 해도 잘 풀리지 않고 마음먹은 대로 일이 되지 않을 때 흔히 업이 두텁다는 말을 합니다. 그리고 좋은 말을 아무리 해줘도 요지부동인 사람이 있습니다. 부처님의 말씀을 들려줘도 그 가르침의 수승함을 느끼지 못하는 사람이 있습니다. 이는 두터운 업이 지혜의 눈을 가리고 있기 때문입니다.

부처님 당시엔 부처님 말씀을 한 번만 듣고도 깨달음을 얻는 사람들이 많았습니다. 선근이 있어서 단박에 진리를 터득하였던 것입니다.

어떤 법회에서든 스님들이 법문을 하시기에 앞서 "할"을 하거나 주장자를 한 번 내리치면서 좌중을 둘러봅니다. 선근이 있는 사람들은 굳이 말로 하지 않더라도 이 '할' 소리(큰 고함소리) 한 번으로, 주장자 내리치는 소리 하나로 한생각이 퍼뜩 돌아서게 되기 때문입니다. 그러고도 진리를 깨닫지 못한 사람들을 위해 말로써 법문을 들려 주는 것입니다.

깨달음을 향해 쉼없이 정진하는 스님에게 "힘들지 않으십니까?" 하면 "금생에 성불하지 못하면 어떻습니까? 이 업으로 내생에 다시 스님이 되어 수행하고 또 그 다음 내세에 다시 수행하고 그러다 보면 언젠가 부처를 이루지 않겠습니까?" 하고 대답합니다.

지장경이나 아미타경 그리고 그 외 수많은 경전을 보면 많은 불보살님들이 부처님으로부터 수기(授記, 미래에 부처가 될 것이라는 보장을 받는 것)를 받는 내용이 나옵니다. 그런데 그 어떤 불보살님도 현세에 단박에 부처를 이룬 분은 없습니다. 몇 겁에 이르도록 수행 정진해 온 결실로 부처를 이루었던 것입니다.

무량수경에 보면 아미타불의 전신인 법장비구의 이야기가 나옵니다.

법장비구는 어느 날 부처님을 친견하고 불국토를 건설하겠다는 48대원을 세웁니다. 이에 부처님께서는 법장비구에게 앞으로 부처가 되리라하고 수기하셨고, 법장비구는 무려 다섯 겁이 지난 다음에야 불국토를 건설하고 부처가 되었습니다.

업이란 이런 것입니다. 쌓이고 쌓여 이루어지는 하나의 힘과 같은 것입니다. 나쁜 힘이 커지면 더욱 험악해지고 좋은 힘이 쌓이면 더 널리 그 뜻을 펴게 되는 이치입니다.

지금의 '나'가 아니라 바로 이러한 업이 윤회하는 것입니다. 한평생 수행 정진해온 이는 그 수행력이 업력이 되어 내세에도 그러한 삶을 살게 됩니다.

전생에 닦아놓은 바가 있으니 그 근기가 다른 사람에 비할 바가 아닐 것입니다.

반대로 남의 것을 탐하고 욕심만을 부렸던 사람이라면 좋은 곳으로 가려고 해도 그가 쌓아놓은 업력이 무거워 도저히 갈 수가 없습니다. 누가 못 가게 해서가 아니라 세세생생 쌓아온 습관이 그러하기에 그가 지은 선악에 따라 내세에도 살아가게 되는 것입니다.

대부분의 사람들이 내세의 과보를 두려워하며 착하게 살아야겠다고 결심하는 이유가 지금의 '나'를 아끼기 때문입니다.

내세에 지옥에 떨어져 고통받을 '나', 가난과 불행에 찌들지도 모를 '나'를 생각하면 그만큼 두렵기 때문입니다.

그런데 윤회하는 존재가 지금의 '나'가 아니라면, 그리고 지금의 '나'를 전혀 기억할 수도 없는 새로운 존재라면 인과나 윤회를 군이 두려워할 필요가 없지 않나 하는 생각도 들 것입니다. 그러나 영겁에 이르도록 거듭될 또 다른 '나'가 항상 험난하고 어두운 무명 속에서 살아가게 된다면 그 어찌 두려운 일이 아니겠습니까?

우리가 죽을 때 가지고 가는 것은 오직 평소에 지은 선과 악밖에 없습니다. 재물도 명예도 사랑하는 이도 어느 것도 죽음에 이르러서는 다 놓고 가야 합니다. 그러나 한평생 지어

온 업만은 그대로 지니고 가야 합니다. 그리고 그 업을 바탕으로 내세의 과보가 결정되는 것입니다.

화엄경에 보면 "업이 보(報)를 어기지 않고 보(報)는 업을 어기지 않는다"는 경구가 나옵니다.

금생에서 좋고 나쁜 일들, 금생에서의 인격과 운명에 결정적인 영향을 끼치는 것이 바로 '업'이라는 얘기입니다. 다시 말해 '업'이란 윤회의 뿌리이고 생사윤회의 원인이며 종자인 셈입니다.

그런데 업 가운데 의업(意業)이란 것이 있습니다. 의업은 다음 생의 내용을 결정할 수도 있는 것으로 임종 직전의 마지막 의식, 마음가짐을 말합니다.

보통 사람들은 죽음을 맞이할 때 지난날을 떠올리게 됩니다. 자연 좋은 일을 많이 한 사람은 좋았던 기억들을, 나쁜 일을 많이 한 사람이라면 회한과 아쉬움이 남는 일들을 생각하게 되는데, 이 마지막 의식이 바로 내세의 인연으로 이어지게 됩니다. 그만큼 마지막 의식은 대단히 중요합니다.

다시 말해 지나온 삶이 어떠 했던간에 임종을 맞아 한생각 돌이켜 마음을 크게 비울 수만 있다면 그의 내세는 달라질 수도 있습니다. 그래서 임종을 맞는 사람에게 주변 가족들이나 친지들이 생전에 그가 했던 좋은 일들을 떠올리게 해 주고 좋은 마음을 갖도록 도와준다면 그는 좋은 곳으로 갈 수 있게 됩니다.

나아가 그를 부처님의 가르침에 귀의하도록

도와 무상(無常, 덧없음)의 이치를 깨우치도록
한다면 그는 전혀 다른 새로운 생을 준비할 수
도 있는 것입니다.

좋은 인연만큼 소중한 재산은 없다

불자님들 중에는 '나는 전생에 불교와 인연
이 깊었던 것 같아' 하는 분들이 많습니다. 교
회나 다른 종교단체에 가면 마음이 편하질 않
는데 절에만 가면 마음이 그렇게 편할 수가 없
다든지, 불교를 접해 본 적도 없는데 어쩌다
한 번 들은 불경소리가 그렇게도 가슴에 남을
수가 없다든지 하며 전생에 불교와 인연이 있
어도 보통 있는게 아닌 것 같다고 합니다.

그렇습니다. 분명 부처님과 전생에 맺은 인

연이 있기 때문에 불교에 쉬이 귀의하게 되는 겁니다.

사람 사이에서도 그렇습니다. 어떤 사람과는 유독 마음이 잘 맞고 어떤 사람과는 뭘 해도 삐걱거리고 기분이 좋지 않습니다. 음식, 책, 취미, 등 모든 것이 다 그렇습니다. 이유는 잘 모르지만 나와 잘 맞는 것이 있고 나와 잘 맞지 않는 것이 있습니다.

이 모든 것이 윤회를 거듭하면서 쌓아온 인연에서 비롯됩니다. 전생을 뚜렷하게 기억할 수는 없지만 우리가 가지고 나온 업연이 그렇게 이끌어 가는 것입니다.

좋은 것도 나쁜 것도 모두가 다 인연에서 비롯됩니다. 나쁜 것은 지난 생의 나쁜 인연에서 생겨나고 좋은 것은 지난 생의 좋은 인연에서 생겨납니다. 그러기에 세상에 나와 무관한 존재는 하나도 없습니다. 싫든 좋든 모두가 인연에 의해 빚어진 것이기 때문입니다.

살다보면 좋은 인연만큼 소중한 재산은 없다는 생각을 하게 됩니다. 좋은 인연은 어려울 때 힘이 되고 좋을 때 벗이 되어주지만, 악연은 회복하기 힘든 깊은 상처만을 남깁니다. 그러나 현재의 모든 인연을 전생의 업보려니 하면서 돌릴 일은 아닙니다. 금생의 인연은 전생에서 빚어졌다고는 하지만 지금의 인연은 내세로 이어질 것이기 때문입니다.

인연을 소중히 여기는 마음으로 금생의 삶을 지어야 내세에 좋은 인연을 만나는 복을 누리게 됩니다.

임종하는 사람에게 불경을 들려 주고, 영가

에게 천도재를 지내는 것은 금생의 좋은 인연을 짓는 일이며 궁극적으로는 내세의 좋은 만남을 기약하는 일이기도 합니다.

해탈문을 향해서

모든 생명체는 육도를 윤회합니다. 그러나 부처님의 깨우침이 있기 전까지는 그러한 사실을 인식조차 하지 못했습니다. 육신을 통해 보고 들을 수 있는 것만을 믿었기 때문입니다.

그리고 이 잘못된 믿음으로 빚어지는 갖가지 현상에 대해 집착을 하고, 생로병사를 겪으면서도 그 무상함을 깨닫기보다는 오히려 삶에 집착하는 것이 지금까지의 우리 모습입니다.

부처님은 바로 이 집착이 윤회의 원인임을

알아 이로부터 벗어나 대해탈의 길로 들어선 인류의 스승이십니다.

윤회를 벗어나는 길, 그것은 무상을 깨달을 때 가능합니다. 무상을 깨닫는다는 것은 집착으로부터 벗어나는 것을 의미합니다.

몸이 달라지는 것도 아니고 주변 환경이 달라지는 것도 아닙니다. 오로지 한생각 돌이키는 데 해탈의 길이 있음을 부처님은 몸소 보여주셨습니다.

열심히 수행 정진해서 한생각 돌릴 수 있다면 그보다 더 좋은 것은 없을 겁니다.

그러나 비록 근기가 부족하고 인연이 닿지 않아 미처 준비하지 못했다면 49일 간의 중유기가 또 한 번의 기회가 될 수 있습니다. 49일 간의 중유기는 윤회의 대기권이라고 할 수 있

습니다. 한 생을 마감하고 또 다른 생을 준비
하는 단계 말입니다.

그러기에 이 시간은 그 어느 때보다 중요합
니다. 49일 동안 한 번이라도 마음을 바르게
돌릴 수 있다면, 49일 간의 중유기는 깨달음을
위한 더 없이 좋은 시간이 될 수 있습니다. 영
성이 맑을 뿐 아니라 육신에 대한 집착도 없어
진 상태라 불법을 보다 간절하게 받아들일 수
있기 때문입니다.

우리의 마음을 한 번 돌아봅시다. 순간 순간
마다 변하고 사라졌다 다시 나타나고 또 나타
났다가는 다시 사라지는 그야말로 요지경 같
은 것이 우리네 마음입니다. 도무지 마음먹고,
마음을 다잡고 애를 써봐도 뜻대로 잘 안 되는
게 이 마음입니다.

절에 가서 스님의 법문을 듣고 불경을 읽을 때면 '아, 정말 공부해야겠구나' '이 세상에는 미련을 둘 게 하나도 없구나' 하는 생각을 하다가도 바로 뒤돌아서면 자식문제로 아웅다웅하게 되고 돈 문제로 욕심이 슬슬 머리속을 까맣게 덮고 맙니다.

단지 한 생각 돌리는 일이지만 그 한 생각을 돌리기 위해서는 끊임없이 법문을 듣고 수행 정진해야만 가능한 일인 것입니다. 그러자면 무엇보다 세세생생을 두고라도 윤회를 벗어나겠다는 강철 같은 의지를 가지고 있어야 합니다.

그러나 대부분의 사람은 죽음을 맞이함에 있어 항상 허둥지둥 합니다. 평생을 그렇게 일상사에 묻혀 마음을 내놓고 살아온 까닭입니다. 그러나 죽음을 맞아 육신을 벗고 나면 전생의 습(습관)이야 남아 있겠지만 그 영혼은 맑아 참으로 법문의 이치를 받아들일 수 있게 됩니다.

역설적이긴 하지만 죽음을 맞이해서야 비로소 삶을 냉철히 관찰할 수 있는 것입니다.

49일 간의 중유기가 중요한 것은 그러한 이유에서입니다. 삶의 무상을 깨닫는 시간, 우리는 영가로 하여금 49일 간의 중유기를 육도윤회에서 성도해탈관문으로 이끌어 주어야 합니다. 우리는 이 사실을 잊지 말고 떠나간 사람을 위해 진실로 49재에 임해야 할 것입니다.

겨자씨 한 톨로 건진 슬픔

부처님 당시 기사고타미라는 한 여인이 있었습니다. 그 여인은 아들을 잃은 슬픔에 깊이 빠져 있었습니다. 삶에 대한 의욕도 없고 오로지 아들을 다시 살려 내야겠다는 생각에만 집착했습니다.

그러던 어느 날 여인은 부처님을 찾아가 아들을 살려달라며 애원했습니다. 그러자 부처님께서는 여인에게 지금까지 사람이 한 번도 죽

지 않았던 집을 찾아 겨자씨 한 톨을 얻어 오
라고 말씀하셨습니다.

여인은 한 가닥 희망을 가지고 마을을 돌며
집집마다 찾아다녔지만 사람이 죽지 않았던
집은 한 집도 찾을 수가 없었습니다.

그때 여인은 부처님이 왜 자신에게 이러한
일을 시켰는지 그 가르침을 깨달을 수 있었습
니다. 죽음이란 피할 수도 되돌릴 수도 없는
자연의 이치임을 비로소 받아들이게 된 것입
니다(아함경).

지장경에선 49재의 공덕에 대해 "죽은 이를
위해서 재를 지내 주면 그 공덕의 7분의 1은
죽은 이에게 가고, 나머지 7분의 6은 재를 지
내는 사람들에게 간다"고 합니다. 이 말은 많
은 것을 의미합니다.

우선 살아 있는 동안 스스로 선업을 쌓으며 수행 정진하는 것이 무엇보다 중요하다는 얘깁니다.

그리고 또 하나는 49재의 공덕 중 7분의 6은 재를 올린 사람에게 돌아간다는 말씀에 담긴 의미입니다.

죽은 이를 위해서 49재를 올리는데 왜 그 공덕 가운데 7분의 6이 재를 올리는 자신에게 돌아가는가 하는 점입니다. 여기서 말하는 공덕이란 우리가 좋은 일을 했기 때문에 받는, 흔히 말해서 복을 받는다거나 좋은 일이 생긴다는 의미가 아닙니다. 49재를 올려줌으로써 또 49재를 올리는 과정에서 남은 사람들의 마음가짐이 달라지게 되는데 그 자체가 공덕이라는 것입니다.

살아가는 데만 급급하고 죽음에 대해 무관심하고, 하물며 내세를 생각하는 일에는 신경 쓸 겨를조차 없었지만, 49재를 올려 영가의 왕생극락을 기원하면서 자연 재를 지내는 이들의 마음도 달라져야 하며 윤회를 바로 생각해야 한다는 강력한 메시지가 담겨 있습니다. 의례적으로 치르는 일쯤으로 대충 49재를 올린다면 우리는 그러한 공덕을 스스로 저버리는 꼴이 되고 맙니다.

죽음은 누구나 언제고 맞이해야 하는 절대절명의 순간입니다. 그 순간을 미리 준비해야 합니다. 열심히 사는 것, 열심히 수행 정진하는 것, 다시 말해 열심히 오늘을 가꾸는 것이 바로 죽음을 준비하는 과정이고 내세를 만드는 일임을 잊지 말아야 하겠습니다.

사람의 목숨이 얼마 동안에 있느냐?

어느 날 부처님께서 여러 제자들에게 물으셨습니다. "사람의 목숨이 얼마 동안에 있느냐?" 그러자 제자들은 "며칠 사이에 있습니다." 또는 "밥 먹는 사이에 있습니다." 등등 나름대로의 생각을 말했습니다.

그러나 부처님께서는 아직 공부가 덜 되었다고 하시면서 다시 다른 제자에게 물었습니다. 그 제자는 "숨쉬는 사이에 있습니다."라고 대답했습니다. 그러자 부처님께서는 "그대는 도를 잘 알고 있구나." 하시면서 그를 칭찬해 주었습니다(사십이장경).

우리가 그토록 애지중지하는 우리의 목숨, 그러나 그 목숨은 들숨과 날숨 사이 그 찰나에 존재합니다. 한번 들이쉰 숨을 다시 내쉬지 못하면 곧 죽음인 것입니다. 이와 동시에 말하고, 듣고, 웃고, 울던 모든 작용도 정지합니다. 바로 조금 전까지만 해도 손가락을 움직이며 서로 손을 맞잡았는데 한 찰나에 그 움직임을 멈춥니다. 들숨과 날숨이 멈추고 서로 간절히 마주보던 눈빛도 온데 간데 없어지고 맙니다.

죽음이란 그렇듯 명백하면서도 도저히 설명할 수 없는 믿기 어려운 현상입니다. 인생에 있어서 유일하게 확실한 것이 있다면 죽음이라 할 것입니다.

불교에서는 죽음을 사대(地, 水, 火, 風)가 흩어지는 작용이라고 설명합니다. 조건과 인연에 따라 모인 네 가지 기운이 생명체를 이루었다가 그 조건의 스러짐으로 인해 흩어지는 자연스러운 이치라고 말합니다.

하나의 생명체가 죽음을 통해 흙(地)과 물(水) 그리고 불(火)과 바람(風)으로 돌아가는 것입니다. 이에 따라 모든 인식작용도 사라지게 됩니다. 부처님께서는 이러한 이치를 자세히 일러 주시면서 '나'에 대한 집착을 가지지 말라고 하셨습니다.

세계는 성주괴공(成住壞空), 현상계는 생주이멸(生住異滅), 인생은 생로병사(生老病死), 이 네 가지 과정은 결코 변치 않는 엄연한 법칙이므로 모든 중생이 이를 바로 알아 무상의 이치를 깨닫기를 염원하셨던 것입니다.

어떤 죽음이든 간에 늘 우리는 느닷없이 맞이했다는 절망감에 빠집니다. 그러나 죽음은 탄생 이후 꾸준히 진행되어 온 전개과정이지

돌발사건이 아닙니다. 들숨과 날숨이 멈추고 사대가 흩어져 자연으로 돌아가 다시 새로운 생명의 윤회를 준비하는 한 과정인 것입니다. 그러기에 죽음을 바로 이해하는 것, 그리고 죽음을 진지하게 생각하고 준비하는 것은 지금의 삶을 새롭게 정비하는 계기가 될 것입니다.

우리와 무관한 죽음은 없다

초봄에 피어나는 목련의 순백함과 초여름에 빨갛게 웃음 짓는 들장미의 싱그러움은 언제 보아도 상쾌하고 반갑습니다. 그러나 이들도 때가 되면 곱고 아름다운 꽃잎에 거뭇한 죽음의 그림자가 찾아오고, 더 없이 빨갛게 물들어 오른 장미꽃도 흙빛으로 시들어갑니다. 죽음의 모습은 결코 아름답지 않습니다.

그러나 죽음의 현상은 아름답지 않지만 그 이치만은 아름답기 그지없습니다. 때가 되면 돌아갈 줄 아는 모습, 새로운 생명을 위해 흙이 되고 거름이 되는 모습이 바로 거뭇거뭇한 죽음 속에 담겨 있는 자연의 이치인 까닭입니다.

만약 꽃이 시들지 않는다면 나뭇잎이 낙엽으로 지지 않는다면 지금의 자연은 존재하지 않을 것입니다. 요즘 많이 얘기되는 엘니뇨현상이나 라니뇨현상으로 여름에 눈이 오고 겨울에 꽃이 피는 경우만 봐도 알 수 있습니다. 자연의 순리가 뒤엉키면서 세상은 점점 황폐해지고 있습니다. 순리란 세상을 풍요롭게 하며 아름답게 하는 거대한 질서와 같은 것입니다.

우리네 죽음도 이러한 자연의 순리 그 한가

운데 있습니다. 흙으로 돌아간 죽음이 새로운 생명을 잉태하는 토양이 되듯이, 편안한 죽음은 다음 세상에 좋은 인연으로 깃들기 마련입니다. 그러기에 나와 무관한 죽음은 세상에 존재하지 않습니다. 살아 있는 모든 존재가 나와 긴밀한 관계를 맺듯이 말입니다.

절에서 예불을 드릴 때 무주고혼을 위한 축원을 빼놓지 않는 것도 그러한 연유에서입니다. 특히 요즘엔 스님들이 원력으로 위령제를 지내는 경우가 많습니다. 일제 강점기 때 징용되었다가 외롭게 숨진 영령들을 기리는 위령제가 해마다 일본에서 올려지고 있고, 또 우리나라에서도 6·25 당시 전투지에서 뜻있는 스님들에 의해 호국영령들을 기리는 자리가 여러 곳에서 마련되고 있습니다.

그리고 그 외에도 각 사찰에서 스님들이 무주고혼 천도를 염원하면서 천일기도를 드리는 모습도 자주 볼 수 있습니다.

기나긴 세월에 묻혀 아무도 기억하지 않는, 이름 석자도 모르는 그들의 죽음을 이제라도 천도를 하는 이유는 자연의 도리에 순응하기 위함입니다. 태어나면 죽기 마련이고 그 다음에는 또다시 새로운 생명으로 살아가야 하는 것이 자연의 이치인데, 이에 순응하지 못하고 이승을 떠도는 중음신들에게 제 자리를 찾아주고자 하는 것입니다.

그 궁극적인 목적은 물론 중생구제에 뜻이 있겠지만 더 나아가서는 세상을 밝게 하는 데 있습니다. 꽃이 피고 질 때를 알아야 자연이 풍요로워지듯이 사람 사는 세상도 떠나야 할 때 떠나줘야 세상이 밝고 넉넉해지는 법이기 때문입니다.

앞서도 언급했듯이 중음신의 장난으로 신이 들리고 또 가정사에 괴로움을 겪는 경우가 많습니다. 또 무당들을 따라다니면서 자신을 잃어버린 채 신들이 시키는 대로 믿고 살아가는 이들도 많습니다.

결국 세상은 어지러워지고 혼탁해질 수밖에 없습니다. 불교에서 무주고혼들까지 모두 구제하려는 참뜻이 바로 여기에 있는 것입니다.

나와 무관한 죽음은 없습니다. 꽃, 나무, 동물 어느 하나 우리와 무관하지 않습니다. 하물며 사람의 죽음이야 말할 필요가 없습니다. 그러니까 비록 자신과는 먼 거리에 있는 사람이라도 임종소식을 접하면 시간을 내서라도 가

능한한 천도재나 49재에 참여하는 것이 좋습
니다.

다행스럽게 요즘 불교계에서는 재가불자님
들이 뜻을 모아 비록 생전에 인연이 없었다 하
더라도 임종 시달림(임종시에 행하는 염불의식)
을 위해 기꺼이 달려가는 모습을 종종 볼 수
있습니다. 참으로 불자다운 모습이라 할 수 있
습니다. 중생을 구제하고 세상을 맑고 향기롭
게 하는 그 걸음마다 소중한 불연이 영글 것입
니다.

사랑하는 이를 떠나보내며

사랑하는 이를 떠나보내는 일은 차마 말로
할 수 없는 큰 슬픔입니다. 더 이상 볼 수도 만

질 수도 없다는 절망감으로 숨이 끊어질 듯 괴롭습니다. 살아 생전에 못다 한 일들로 가슴을 메어지게 합니다. 그래서 우리는 이제 막 임종을 맞아 떠나려는 사람의 몸을 흔들면서 가지 말라고 애원을 합니다.

자식들을 다 놓고 이렇게 갈 수 있느냐? 할 일이 아직도 많은데 어떻게 하려고 벌써 가느냐? 등등 애절한 심정을 마음껏 토로합니다.

그러나 이는 임종을 맞이하는 이를 위해서 그리 바람직한 태도는 아닙니다. 가뜩이나 떨어지지 않는 발걸음을 주저앉히는 경우라 할 것입니다.

부처님께서는 열반에 드실 때가 되어 제자들에게 곧 열반에 들 것이라는 사실을 알렸습니다. 모든 비구들은 비통함에 몸을 구르며 슬픔을 이기지 못했습니다.

그때 부처님께서는 이렇게 말씀하셨습니다. "그대들은 근심하고 슬퍼하지 말라. 천지나 사람이나 물건이나 어느 한 가지 나서 죽지 않는 것이 있는가."

죽음은 거스를 수 없는 자연의 이치임을 알아 담담하게 받아들이라는 가르침입니다.

우리의 임종맞이도 이러해야 할 것입니다. 가능하면 임종을 맞이하는 이의 마음을 편안하게 만들어 주어야 합니다. 세상을 떠나려는 사람의 마음이 얼마나 복잡하겠습니까? 아쉬움도 많을 것이고, 또 한도 많을 것입니다. 책임져야 할 가족이 있는 사람이라면 미안함과 걱정으로 저승길이 까마득하기만 할 것입니다. 그런 복잡한 마음을 편안하게 만들어 주어야

하는데 죽긴 왜 죽느냐면서 흥분을 하고 몸을
못가눌 정도로 슬퍼하는 것은 임종자의 갈길
을 더욱 험난하게 할 뿐입니다.

예전에는 임종을 맞아 주변 가족들이 우는
소리를 내며 슬픔을 표현하곤 했습니다. 망자
의 제단 앞에서 목을 놓아 곡을 함으로써 슬픔
을 배가시켰고, 그것이 하나의 도리요 망자에
대한 마지막 애정의 표현으로도 여겼습니다.

그러나 이는 남아 있는 사람들의 생각일 뿐
이지 망자에게는 도움이 안 되는 행동입니다.

이보다는 오히려 담담하고 차분한 모습으로
그가 갈 길을 설명해 주는 것이 좋습니다. 망
자가 죽음에 대한 올바른 이해 없이 의식(意
識)을 놓게 되면 금생에 그랬던 것처럼 맹목적
이고 혼돈된 상태 그대로 다음 생으로 넘어가

게 되기 때문입니다.

다음으로는 임종을 맞은 이가 하고 싶은 말을 다 하도록 해 주고 차분하게 도리에 맞도록 대답을 해 주어야 합니다. 모든 집착과 탐착을 훌훌 털어버리고 아주 가벼운 마음으로 세상을 정리할 수 있도록 말입니다. 그래야 죽음을 자연의 순리로서 이해하고 받아들여 비로소 참다운 임종을 맞이할 수 있기 때문입니다.

이때 염불이나 부처님 말씀을 자주 들려준다면 좋을 것입니다. 그리고 극락왕생을 기원하는 마음으로 아미타경을 들려 주고 독송케 한다면 한결 임종을 맞이하는 이의 마음이 조용해질 것입니다.

또한 주변 가족들과 임종자가 함께 불경을 독송하면서 마음을 차분하게 가라앉힌 채 죽음을 맞이한다면 업보에 끄달려 방황하지 않고 극락세계를 향해 그야말로 편안하게 떠나갈 수 있습니다.

떠나는 이의 마음을 가볍게 해 주어야

죽음에 임박했을 때 가족들은 우선 가까운 친지들에게 급히 연락을 취해 임종자의 운명을 함께 지켜보도록 해야 합니다.

우리네 삶이라는 게 만남과 만남으로 이어져 온 까닭에 삶의 마무리 또한 그 만남을 정리하는 가운데 이루어져야 합니다. 보고 싶은 사람을 끝내 보지 못하면 그 애달픔이 두고두고 남기 때문입니다.

제가 아는 한 노인은 숨이 몇 번이나 넘어갔

다가 다시 살아나기를 7일 동안 반복했습니다. 멀리 있는 딸이 보고싶었던 까닭에 차마 이승을 떠나지 못했던 것입니다. 그러다 7일째 되는 날 외국에 있던 딸이 급히 왔고 그 노인은 딸의 손을 잡자마자 바로 숨을 거두었습니다.

그래서 자손들이 다 지켜보는 가운데 임종하는 고종명을 오복 가운데 하나로 쳤던 것입니다. 그러니 죽음에 임박한 듯이 보이면 서둘러 가까운 사람들에게 연락해 임종을 함께 지켜보도록 하는 것이 좋습니다.

그리고 임종자의 유언을 잘 받드는 것도 중요합니다. 꼭 하고 싶었던 일이라든지, 당부하고 싶었던 말을 잘 들어 기록하고 임종자에게 뜻을 받들겠노라고 반복해서 말을 해 주어야 합니다. 그래야 임종자가 편안한 마음으로 삶을 마무리 할 수 있습니다.

또한 임종자를 위해 미리 수의를 준비하는 것도 좋습니다. 사후세계에 대한 두려움으로 막막한 임종자에게 수의란 죽음을 준비했다는 안도감을 줍니다.

그리고 임종자는 죽은 뒤 자신의 모습이 가능하면 깨끗하고 청결하게 남기를 원하고, 사람들에게도 그렇게 기억되기를 원합니다. 그러기에 깨끗한 수의를 준비하면 여러 모로 임종자에게 도움이 되는 것입니다.

마침내 숨이 넘어가 임종을 맞이하면 우선은 정확하게 생사여부를 판단해야 합니다. 섣불리 판단했다가 큰 잘못을 불러일으키는 경우도 있으니 가능하면 의사를 불러 생사여부를 확인하는 것이 좋습니다.

운명했음이 확인되면 망자의 팔과 다리를 곧게 펴주어야 합니다. 사람이 죽으면 몸이 굳기 마련이라 나중에 염습을 하고 입관할 때 구부러진 채 팔이나 다리가 굳어 있으면 이를 펴기 위해 험한 일을 해야 하기 때문입니다.

이렇게 대략적인 준비가 끝나면 부고장을 만들어 임종자의 죽음을 알리고 장례의식 준비를 하나하나 시작합니다.

이때에도 남은 가족들은 망자의 곁에서 아미타경과 지장경 등 부처님 경전을 계속해서 들려 주십시오.

설사 외형상으로는 숨이 끊어졌다고는 하나 망자의 넋은 49일이 지날 때까지는 중음기에 남아 떠돌 것이기 때문입니다.

앞에서도 말했지만 사후 삼일까지는 망자가

죽음을 현실로 받아들이지 못한다고 합니다. 그래서 자꾸만 가족들 곁에서 맴돌면서 극한 외로움과 절망감에 시달리게 되는데, 이때 부처님 말씀을 자주 들려 주고 불보살님 명호를 불러 주면 망자에게는 어두운 저승길에 밝은 등불을 얻은 듯 큰 의지가 될 것입니다.

부처님의 손길로 단장하는 마지막 길

사람이 죽고 나면 바로 제단을 마련하고 장례식을 치릅니다. 그 기간은 보통 3일 정도로 이루어지는데 이때 생전에 인연이 있던 사람들이 찾아와 영가의 넋을 기립니다.

이 3일 동안 임종자를 염습하고 입관식까지 마치게 됩니다. 앞서도 얘기를 한 바 있지만

이 시기는 영가가 채 죽음을 현실로 받아들이지 못해 황망해하는 시기입니다. 그러기 때문에 가족들의 진심어린 기도와 배려가 필요합니다.

혹여 영가가 생전에 삼귀의와 오계를 받지 않았다면 스님을 모시고 불법승 삼보에 귀의케 하여 계를 받도록 하면 좋습니다. 그리고 염습, 착의, 착관, 입관의 절차가 이루어지는 동안 내내 무상계를 독송해 주고 틈틈이 나무 아미타불을 계속 염송해 주십시오.

이때 가족들은 그저 입으로만 염송할 것이 아니라 마음 속으로 왜 아미타불을 염송해 주는지, 왜 무상계를 독송해 주는지 영가에게 설명해 주십시오. 그래서 영가가 그 뜻을 바로 알고 함께 아미타불을 염송하도록 인도해 주어야 합니다. 그 내용을 간단히 일러드리면 다음과 같습니다.

오늘 열반의 세계로 떠나시는 영가시여.

삼라만상이 흩어져도 변함없으며 생사에도 걸림이 없으며 천지만물보다 먼저 존재하였고 천지만물보다 오래 존재하는 한 물건의 정체를 바로 아시고 평화로운 열반의 세계로 향하도록 부처님의 가르치심을 일러드리고자 하오니 이 법단에 오시옵소서.

그리하여 세상 인연 다해 목숨이 사라졌으니 모든 것이 덧없음을 다 알아 열반을 얻으면 즐거움이 되오리다.

또한 평생 동안 지은 죄도 임종시에 일념으로 염불하거나 자손들이 한마음으로 염불하면 극락세계에 태어나는 선업으로 변하나니 함께 아미타불 명호를 부르시옵소서.

3일간의 장례 절차가 끝나고 나면 영구를 상여로 옮겨서 장지로 떠나게 되는데 이때 지내는 제사를 발인제라고 합니다. 그리고 떠나는 의식을 영결식이라고 합니다. 불자님 가정의 경우라면 이때에도 스님을 모시고 불보살님의 위신력에 의지해 영가를 천도해 주면 좋습니다.

불교의식으로 치르는 발인제 절차를 대략 살펴보면, 부처님을 청하는 거불, 영혼을 법단으로 불러오는 창혼과 반혼착어, 향과 차 등의 공양물을 올리며 영가의 극락왕생을 염원하는 가지공양, 보공양진언, 아미타불 정근, 그리고 영구를 옮기는 기감, 관을 들고 절을 하는 보레로 이루어집니다.

발인제와 영결식은 임종자가 마침내 흙으로 돌아가는 마지막 절차라고 할 수 있습니다. 한 평생 애지중지해 왔던 육신이 한 줌 흙으로 돌아가는 모습은 영가에게 참을 수 없는 큰 슬픔으로 여겨질 것입니다. 그런 까닭에 발인제와 영결식문은 영원한 안식처로 인도하는 내용으로 이루어져 있습니다.

다시는 중생 몸 받지 말고 극락으로 향하소서. 이 한 마디는 임종자의 마지막 가는 길에 가장 보배로운 마음의 전언인 까닭입니다.

49재에 읽으면 좋은 경전

부처님 말씀 어느 하나라도 소중하지 않은 것은 없습니다. 진리의 말씀 아니고 지혜의 말씀 아닌 것이 없습니다. 그럼에도 불구하고 49재를 맞아 유독 읽혀지는 경전이 있습니다. 대표적인 것이 금강경인데 그 중 사구게(四句偈)가 자주 독송되고 있습니다.

금강경은 부처님 십대제자 가운데 해공제일 즉, 공(空)사상의 으뜸인 수보리존자와 부처님의 대화로 이루어진 경전입니다.

금강경의 주된 내용은 한 마디로 공사상이라 할 수 있습니다. "마땅히 머무는 바 없이 그 마음을 내라(應無所住而生其心)" 즉 일체의 것에 집착함이 없이 마음의 주인이 되라는 메시지가 그 핵심이라고 할 수 있습니다. 그러한 까닭에 금강경은 다른 경전에 비해 유독 선사들에게 더욱 많이 읽혀졌습니다.

우리가 잘 알고 있는 육조 혜능조사도 이 금강경을 읽고서 깨달음을 얻으셨습니다. 금강경은 그만큼 모든 집착을 놓아버리고 마음의 주인이 되는 법등과 같은 경전인 것입니다.

또한 금강경 사구게에 보면 "모든 모습을 모습 아닌 것으로 보면 바로 여래를 보리라"라는 경구가 나오는데, 이는 중유기에 나타나는 여러 가지 환영으로부터 영가가 자유로워질 수 있도록 도와줍니다.

그리고 우리가 가장 친숙하게 여기는 천수경과 반야심경 또한 49재 때 빠지지 않고 독경됩니다. 천수경은 제불보살 모두를 칭송하면서 그 공덕으로 집착을 여의고 마침내 부처가 되기를 서원하고 다짐하는 경전입니다.

천수경은 그 내용이 구체적이라 다른 경전에 비해 독경할 때 그 내용이 마음 깊이 와 닿습니다. 영가에게도 마찬가지일 겁니다. 홀로 가기엔 두렵고 막막하기만 한 저승길에 듣는 천수경은 제불보살님에 의지해 반야선을 탄 듯 한결 마음이 편안해질 것입니다.

반야심경은 대반야경 600권의 사상을 260자로 짧게 함축해 부처님 가르침의 진수만을 모아 놓은 것입니다.

그 내용을 보면 육신이나 감각에 구애되지 말고 또 그 모든 것이 허구임을 바로 알아 무상정각(최고의 깨달음)을 얻도록 하고 있습니다. 불교의 핵심사상이라고 할 수 있습니다. 그래서 불자라면 누구나 수지 독송하면서 피안을 향하는 수행의 걸음을 늦추지 않도록 하고 있는 것입니다.

49재 때에 빠지지 않고 항상 독송하는 것으로는 무상계가 있습니다. 무상계는 영가에게 상의 법을 설하는 내용으로 49재 뿐 아니라 불교의례 과정에서 항상 읽혀지고 있습니다. 육신이 어떻게 흙으로 돌아가며 세상의 것이 어떻게 소멸되어 가는지를 상세하게 해 줌으로써 영가가 비로소 무상의 도리를 깨달아 불국토에 들 수 있도록 인도해 주기 때문입니다.

"무상계란 열반에 들어가는 문이요 고통의 세계를 뛰어넘는 문이다"라는 첫 구절이 말해 주듯이 무상을 바로 아는 것이 깨달음을 이루는 길임을 영가와 남아 있는 우리 모두가 깊이 되새겨야 하겠습니다.

아미타경과 지장경 또한 49재에 빼놓을 수 없는 경전입니다. 아미타경은 서방정토 즉 극락세계를 관장하시면서 법을 설하고 계신 아미타부처님의 대원력과 위신력을 설해 놓은 경전입니다. 고통도 미움도 괴로움도 없는 극락정토는 사바세계에 사는 중생들에겐 그립고 또 그리운 아름다운 세상입니다.

그러나 아미타경을 읽어보면 극락세계로 가

는 길은 그리 어렵지는 않습니다. 아미타부처님은 중생구제의 원력이 큽니다. 그러므로 일념으로 나무아미타불을 부르고 생각하면 정토에 왕생할 수 있습니다. 임종자에게나 영가에게 아미타불을 염송하게 하는 이유도 바로 여기에 있습니다.

세상을 정리하면서 일어나는 복잡한 마음을 오로지 아미타불께 의지할 수만 있다면 누구라도 왕생극락할 수 있는 것입니다. 그것이 바로 아미타부처님의 원력이며 위신력입니다.

그러나 이 또한 갑작스럽게 아미타불을 염송한다고 입에서 술술 나오지는 않습니다. 매 순간 틈틈이 계속해서 아미타불을 생각하고 염원해야 삼매에 들듯이 아미타불과 하나가 될 수 있기 때문입니다.

모쪼록 영가의 가족과 친지들은 영가가 다른 환영에 끄달리지 않도록 49일 동안 정성을 다해 들려 주어야 합니다.

지장경은 대원본존 지장보살님의 원력을 설해 놓은 경전입니다. 지장보살님은 일찍이 정각을 이루었음에도 불구하고 부처되기를 마다하신 분입니다. 지옥의 중생을 모두 구제할 때까지, 또 사바의 중생들을 모두 구제할 때까지 고통받는 중생들 곁에 있겠다는 대원력을 펼치기 위해서입니다.

그래서 지장보살님께 귀의 참회하면 그 동안 쌓아온 크고 작은 모든 업이 지장보살님의 원력으로 소멸됩니다.

단 한 번만이라도 지장보살님을 일념으로 염하면 업장이 소멸되어 더 이상 업에 끄달리지 않습니다. 업이 두터운 영가는 중음신으로 떠돌면서 무섭고 험악한 환영 때문에 큰 괴로움을 겪게 되는데, 이럴 때 지장보살님께 의지하게 해 준다면 영가의 업장은 소멸되어 바른 길로 나아가게 될 것입니다.

이외에도 법성게를 비롯해 법화경, 원각경 등 다른 대승경전도 영가에게 들려 주면 좋습니다. 그리고 삼칠일 동안 영가를 위해 광명진언(옴 아모가 바이로차나 마하무드라 마니파드마 즈바라 프라바룰타야 훔)을 외우는 것도 좋은데, 광명진언은 부처님의 지혜와 자비의 힘으로 영가가 좋은 인연을 맺도록 하는 신령스러운 힘이 있다고 합니다.

49재를 맞아 이와 같이 여러 가지 경전을 읽어 주는 것은 영가의 바른 천도를 위해서입

니다. 어느 경전이 더 좋다 나쁘다 할 것 없이
모두 다 영가에게는 법등(진리의 등불)의 역할
을 해 줍니다. 영가가 생전에 특별히 가까이
했던 경전이 있다면 그 경전을 읽어 주면 더욱
좋습니다.

그리고 여유가 있으시면 49일 동안 위의 경
전들을 사경(손수 베껴 씀)하거나 주변 사람들
에게 법보시를 한다면 그 공덕이 수승할 것입
니다.

1백 개의 돌을 물 위에 띄우는 힘

'아미타불을 진심으로 염원하면 극락왕생한
다' '지장보살님을 염원하면 업장이 소멸된다'
그 외 다른 경전에도 이러한 불보살님들의 위

신력을 살펴볼 수 있습니다. 그런데 이런 경구를 대할 때 한편으로는 의지가 되지만 다른 한편으로는 정말 그럴까하는 의구심이 들기도 합니다. 한평생 지은 악업이 수미산만한데 아미타불을 한 번 염송했다고 해서 왕생극락할 수 있는 것인지 믿어지지 않기 때문입니다.

밀린다왕문경에 보면 밀린다왕과 수행자 나가세나와의 흥미로운 대화가 나옵니다.

밀린다왕이 어느 날 수행자 나가세나 스님에게 여쭈었습니다.

"스님! 세상에 있으면서 백 년 동안 악행을 한 사람이라도 임종시에 염불을 하면 죽은 후 천상에 태어난다고 하였습니다. 그러나 저는 이 말을 믿지 않습니다."

여기에 대해 나가세나 스님은 이렇게 대답

하고 있습니다.

"왕이시여! 조약돌 한 개라도 물 위에 올려 놓으면 가라앉습니다. 그러나 1백 개의 돌이라 도 배 위에 올려 놓으면 가라앉지 않고 물 위 에 뜹니다. 부처님을 염원하는 것은 바로 1백 개의 돌을 뜨게 하는 배와 같습니다."

한 개라도 가라앉는 돌을 1백 개라도 뜨게 만드는 배, 부처님은 이러한 배와 같다는 얘깁 니다. 그러니 설사 그 업이 수미산만큼 두터운 영가라도 진심으로 염불을 한다면 반드시 천 도될 수 있음을 말하고 있는 것입니다.

지장경에도 보면 죄를 많이 지은 어미를 찾 아 한 바라문녀가 지옥을 찾아가는 대목이 나 옵니다. 지옥으로 들어선 바라문녀 앞에는 이 루 형언할 수 없는 끔찍한 환영이 나타납니다.

이때 바라문녀는 환영에 끄달리지 않고 염불로써 두려운 마음을 씻어내는 대목이 나옵니다. 그만큼 염불의 공덕은 크다고 할 수 있습니다.

물론 자력으로 수행 정진해서 깨달음을 얻는다면 가장 좋습니다. 그러나 우리네 마음이란 늘 흔들리고 정처 없는 방황을 거듭하는 터라 수행의 마음을 곧게 지켜 나가기란 어렵습니다. 그때마다 제불보살님께 의지한다면 언제고 반드시 피안의 세계로 가 닿을 것입니다.

불보살님을 닮는 마음으로

우리가 제불보살님께 귀의하는 것은 그 분들이 세상을 바로 보는 지혜를 증득하셨기 때문이며, 집착하고 탐하고 성내는 사바의 삶이 무상함을 깨달으신 선각자인 까닭입니다.

귀의한다는 것은 그 분들을 존경한다는 것을 의미하고 존경한다는 것은 그 분들처럼 되고 싶다는 것입니다. 깨달음을 증득해 부처가 되고자 하는 것입니다. 그러나 되고 싶다고 해서 부처를 단박에 이룰 수는 없습니다. 그러자면 불보살님들의 행을 따라야만 합니다.

경전을 보면 수많은 불보살님이 등장합니다. 깨달음을 가르쳐 주시는 석가모니불을 비롯해 자비의 손길을 펴는 관세음보살님, 중생구제의 대원력을 세우신 지장보살님 등등, 이렇게 저마다 다른 손길로 다른 음성으로 그 모습을 보이십니다.

그러나 그 가운데 한 가지 공통점이 있습니

다. 바로 이타정신입니다. 남을 위하는 마음, 남을 사랑하는 마음입니다. 이러한 사랑과 자비를 바탕으로 제불보살님들은 수많은 원력을 세웠습니다.

당신 자신을 위한 소원이나 서원을 세웠던 분은 단 한 분도 없습니다. 어떻게 하면 수많은 중생들을 정토세계로 이끌까, 어떻게 하면 수많은 중생들을 고통없는 마음을 가지게 할까, 오로지 중생들의 눈빛과 마음을 헤아리는 데만 관심을 두었습니다.

불교에 귀의하였다면 우리는 이러한 이타정신을 따라야 합니다. 나를 비우고 남을 먼저 생각하는 자비정신을 가져야 합니다.

49재는 그러한 행보의 하나입니다. 세상을 떠난 사람, 더 이상 내게 득이 될 것도 해가 될 것도 없는 사람, 그의 열반과 극락왕생을 위해 49일 동안 일념으로 기도정진하는 것이 49재의 참뜻입니다.

그러기에 49재를 올리는 동안만은 부처님을 닮는 마음으로 아니 부처의 마음으로 기도하고 생활해야 합니다. 그렇게 한다면 영가는 반드시 좋은 인연으로 새로운 생을 준비할 수 있을 것입니다.

49재에 스님을 모시는 이유

살다 보면 어떻게 살 것인가? 무엇을 할 것인가? 하는 근원적인 문제의식에 휩싸이게 될 때가 있습니다. 아무리 생각해도 해답은 찾을 수 없고 현실에 대한 비관으로 방황을 하게 됩니다. 이럴 때 친구의 다정한 위로, 부모님의 따뜻한 포용은 큰 힘이 됩니다. 하지만 힘은 될지 모르나 그 해답은 될 수 없는 경우가 대부분입니다.

그러나 평소 존경하고 진심으로 경외하는 이로부터 듣는 좋은 말 한 마디는 때로 해답으로 다가옵니다. 문득 마음이 열리고 앞으로 가야 할 길이 보입니다.

그 말씀이 아주 특별해서라기보다는 존경하는 사람이 들려 준 말이기 때문에 가슴으로 받아들일 수가 있었던 까닭입니다.

49재 때 법력 있는 스님을 모시는 이유도 마찬가지입니다. 가족들이 건네는 한 마디보다는 법력 있는 스님이 무상의 이치를 설명해 줄 때 영가는 더욱 깊이 받아들일 수 있습니다.

그리고 스님이 부처님의 말씀을 빌어 영가에게 법문을 들려 주는 이유도 여기에 있습니다.

세상의 이치를 지혜로써 관할 수 있는 부처님의 위신력이야말로 영가에게 큰 경책이 될 수 있기 때문입니다.

사찰에서 제불보살님을 모두 모시고 법력 있는 스님의 집전으로 올려지는 49재, 거기다 가족과 친지들의 불심이 더해진다면 여법하게 영가 천도가 이루어질 것입니다. 혹시 식순이나 순서를 잘 모르더라도 집전하는 스님의 말씀을 잘 따라 하면 됩니다.

영가는 마음의 소리를 듣고

49재를 올릴 때 가장 중요한 것은 첫째도

둘째도 마음가짐입니다. 건성으로 하거나 아니면 슬픔에 젖어 울며 불며 49재를 지내는 것은 바람직한 태도라고 할 수 없습니다. 진심으로 극락왕생을 염원해야 하고 진심으로 불법을 전해 주어야만 합니다. 그러지 않고서는 영가의 생각을 결코 돌릴 수 없습니다.

우리도 간혹 누군가에게 나의 의견이나 생각을 이해시켜야 할 때가 있습니다. 다행히 상대방이 나와 같은 생각을 하고 있을 때는 별 문제가 없지만, 만약 상대방이 나름대로 자기 생각과 판단을 가지고 있을 경우에는 대단히 어렵습니다.

대충 성의 없이 설명을 한다든가 스스로도 확신이 없어서 어물어물 얘기를 하면 상대방은 절대 나의 의견을 받아들이지 않습니다.

진심어린 자세와 확신에 찬 설명을 할 때 상대방은 비로소 마음의 문을 열고 나의 얘기에 귀를 기울이게 됩니다. 한 사람의 생각을 돌린다는 것은 그만큼 어려운 일입니다. 하물며 영가는 우리들보다 의식이 무려 아홉 배나 밝습니다. 우리가 진심으로 이야기를 하는지 진심이 아닌 건성으로 이야기를 하는지 영가는 다 알 수 있습니다.

여기에 얽힌 어느 스님의 이야기가 있습니다.

49재를 집전하기로 한 스님이었는데, 그날 따라 스님은 하루 종일 너무 바빠서 한 끼도 공양을 하지 못했습니다. 그래서 스님은 49재를 집전하면서 내내 떡 생각만 했습니다.

제단 앞에 올려진 떡을 보면서 빨리 이 재

가 끝나서 저 떡을 먹었으면 좋겠다고 생각했던 것입니다. 그러면서도 입으로는 식순에 맞게 염불을 하셨습니다.

그런데 영가는 49재가 올려지는 두 시간 동안 불경 소리는 전혀 듣지 못하고 스님이 마음속으로 외치는 '떡, 떡' 하는 소리만 들었다고 합니다. 영가 또한 입으로 외는 소리가 아닌 마음의 소리에 귀를 기울이기 때문입니다.

그런 만큼 49재를 올릴 때 가족들은 진심으로 영가의 해탈과 극락왕생을 염원해야만 합니다. 그래야 영가가 감응을 받고 한생각 돌릴 수 있게 되는 것입니다.

그러기 위해선 우리 스스로 윤회에 대한 확신을 가져야 하고 49재의 중요성을 바르게 인식하여야만 합니다.

우리가 스스로 생각해 봐도 얼마나 작은 습관 하나에도 끄달리는지 알 수 있습니다. 좋아하는 음식, 좋아하는 사람, 하고 싶은 일 모두 다 자신의 오랜 습으로 선택하는데, 어느 순간 다른 사람이 하지 말라고 하면 당장 그만둘 수 있을까요. 절대 그럴 수 없습니다. 커다란 의식의 변화를 겪지 않고서는 불가능한 일입니다.

영가 천도 또한 그러합니다. 한평생 짓고 또 지어왔던 업을 한순간에 놓아버리고 해탈을 하라고 그냥 말 한 마디 한다고 영가가 수긍할 리가 없는 것입니다.

49재를 매 칠일째마다 일곱 차례에 걸쳐 올리는 참뜻도 이러한 영가에 대한 깊은 배려에서 비롯합니다.

선근이 있고 죽음을 통해 삶의 무상을 느낀

영가라면 법문을 듣고 바로 깨우침을 얻겠지만, 그렇지 못한 이들을 위해 무려 일곱 차례에 걸쳐 수시로 정법(正法, 올바른 가르침)을 들려 주어야 합니다. 그래야만 영가의 마음을 흔들어 삶의 무상을 뼈아프게 깨우치게 할 수 있습니다. 삶의 무상함도, 윤회의 이치도, 극락왕생의 염원도 자꾸만 들려 주어야 영가도 듣고 또 들으면서 점차 좋은 쪽으로 생각하게 되는 것입니다.

이 사실을 바로 알아 가족들은 49재를 올리는 49일 동안 단 하루도 마음을 늦추어서는 안 됩니다. 나쁜 일도 하지 말고 험한 말도 하지 말고 오직 불심으로 영가 천도를 염원해야만 합니다.

49재에 임해 서로 나눠야 할 이야기

반드시 지켜야 할 일들

예로부터 상갓집에 가서 쌈밥을 먹으면 안 된다는 얘기가 있습니다. 상추쌈을 싸서 한 입에 넣고 우적우적 씹어 먹는 모습이 보기에 좋지 않아서입니다.

영가는 세상을 떠났는데 조의를 표하려고 온 사람은 입을 크게 벌리고 먹거리를 탐한다면 도리가 아닐 것입니다.

사실 언제부턴가 상갓집에 가면 곡소리보다

는 왁자지껄한 웃음소리와 이야기소리가 더 크게 들립니다. 앞서도 얘기했지만 영가를 위해 곡을 하는 것은 크게 도움이 안 됩니다. 그러나 그렇다고 너무 잔칫집처럼 마음껏 술자리를 벌이는 것 또한 좋지 않습니다. 보기에도 그렇고 영가에게도 외람된 일입니다.

임종 후 49일 동안 우리는 내내 마음가짐과 몸가짐을 단정히 해야 합니다. 이것이 우리가 떠나간 사람을 위해 마지막으로 지켜줘야 할 도리입니다. 이제 49일 동안 지켜야 할 것들을 간단히 살펴보도록 하겠습니다.

첫째, 살생을 하거나 남에게 해를 끼치는 일을 해서는 안 됩니다. 영가 천도를 위해 49재를 올리면서 정작 본인은 악업을 짓고 있다면 오히려 영가에게 큰 해가 됩니다.

지장경 제7품에 보면 지장보살이 부처님께 영가 천도를 위해 지켜야 할 바를 설명하고 있습니다.

간추려 보면 "산 목숨을 죽이거나 귀신에게 제사 지내는 것으로는 털끝만큼도 망자를 이롭게 하는 일이 못 될 뿐더러, 업연만 맺어서 더욱 죄를 깊고 무겁게 한다. 또한 영가가 내세나 현생에 성스러운 인연을 만나 천상에 태어나게 된다 하더라도, 임종할 때에 그 가족들이 악을 지으면 그 원인으로 죽는 사람에게 큰 해로움을 주게 되는데, 어찌 차마 권속들이 업을 더 보탤 수 있겠는가?"라는 내용이 나옵니다.

49일 동안 살생과 악업을 짓는 것은 자신 스스로에게도 해가 되지만 영가를 위해서는 돌이킬 수 없는 나쁜 영향을 미친다는 사실을 잊어서는 안 될 것입니다.

둘째, 장례음식에는 고기를 사용하지 말아야 합니다. 물론 가족들도 육식을 하지 말아야 합니다.

셋째, 49일 동안 영가를 위해 염불을 해야 합니다. 모든 중생들이 임종할 때에 부처님 명호나 보살님 명호만 들어도 모두 다 해탈하게 된다고 지장보살님은 말씀하셨습니다.

영가가 생전에 자신이 염불을 하였다면 더욱 좋을 일이겠지만 그렇지 못한 경우 권속들에 의해 염불소리만 들어도 그 업이 소멸되는 것입니다.

넷째, 늘 정성스럽게 부처님께 귀의하는 마음을 가져야 합니다. 부처님의 위신력에 의지해 영가 천도를 기원하는 것이 49재입니다. 그런 만큼 그 정성이 지극해야만 합니다.

49재를 마련할 적에 또는 49재가 끝나기도 전에 음식을 먼저 먹는다거나 혹은 음식을 함부로 버리는 일을 해서는 안 됩니다. 만약 이를 어겨 먼저 먹거나 깨끗하게 하지 않으면 영가는 복력을 다 얻지 못하고 맙니다. 매사에 정성과 부처님께 귀의하는 마음자세로 임해야 할 것입니다.

다섯째, 공덕을 많이 지어야 합니다. 목련존자가 죄많은 어머니를 구제하기 위해 기도할 때 부처님께선 목련존자에게 스님들을 비롯해 사부대중에게 공양을 올리라는 말씀을 해 주셨습니다. 바라는 마음보다는 베푸는 마음이 먼저 앞서야 모든 일이 여법하게 이루어지는 법입니다.

남에게 베풀 줄 모르면서 바라기만 하는 것은 업을 더 두텁게 할 뿐입니다. 그러니 영가를 위해 거룩하고 자비로운 일을 많이 행해야 합니다.

지장경에 죽은 이를 위해 재를 올리면 그 공덕의 7분의 6은 재를 지내 준 사람에게 돌아간다고 했습니다. 그러므로 공덕을 쌓는 것은 자신에게나 영가에게 좋은 일이 됩니다.

여섯째, 유흥장소에는 되도록이면 가지 말아야 합니다. 술집, 노래방, 나이트클럽, 도박장 등등 유흥을 목적으로 하는 곳은 정신이 흩어져 영가를 위한 오롯한 마음을 지켜내기가 어렵기 때문입니다.

일곱째, 영가의 왕생극락을 염원하는 발원문과 자신의 서원을 적어서 하루에 한 번씩 읽

어주십시오. 그리고 49재에 부처님전에 올렸다
가 회향 때 태우십시오. 영가뿐만 아니라 자신
에게도 큰 공덕이 될 것입니다.

이외에도 생활 곳곳에서 마음을 잘 써야 할
것입니다. '49재는 스님이 알아서 해 주겠지,
절에 위패 올려놨으니까' 하면서 자신은 아무
렇게나 생활한다면 아무런 의미가 없다는 사
실을 반드시 유념하시기 바랍니다.

비용은 형편껏

49재를 올릴 때 가족들은 비용 때문에 마음
한편이 무겁습니다. 형편이 넉넉해서 마음껏
비용을 낼 수 있다면 아무 걱정이 없겠지만 어
려운 형편에선 걱정이 안 될 수가 없을 겁니

다. 적게 내자니 스님께 죄송스러운 마음도 들고 한편으로는 영가에게 미안한 마음도 들고, 그렇다고 많이 내자니 형편이 어렵고, 여러 모로 마음이 복잡합니다. 그러나 정성을 들이는 데 정해진 값이 있을 수는 없습니다.

'빈자(貧者)의 등불' 이야기를 아실 겁니다.

부처님이 계실 때였습니다. 어느 날 부처님께서 오신다는 소식을 듣고 마을 사람들은 앞을 다투어 길을 단장했습니다. 꽃을 한아름 사서 공양하는 사람, 금은보화를 길 위에 뿌려 놓는 사람, 화려한 등을 밝히는 사람, 저마다 부처님을 맞이하기 위해 분주했습니다.

그런 모습을 보면서 가난한 난다 여인은 너무나 마음이 아팠습니다. 부처님께 등 하나도 공양할 돈이 없었기 때문이었습니다.

그녀는 궁리 끝에 머리카락과 옷을 팔아서 촛불을 하나 샀습니다. 화려한 등 사이로 놓인 작은 촛불이었지만 그녀는 부처님께 등공양을 올릴 수 있었다는 사실만으로도 행복했습니다.

그렇게 온 거리가 불을 밝힌 채 밤이 지나고 마침내 새벽이 왔습니다. 모든 등불은 새벽을 맞아 꺼져 있었습니다. 그런데 단 하나의 작은 촛불만은 꺼지지 않고 밝게 빛나고 있었습니다. 이상하게 여긴 아난존자가 촛불을 끄려고 했지만 촛불은 꺼지지 않고 더욱 밝게 타올랐습니다.

그러자 부처님께서 아난존자에게 말씀하셨습니다.

"그 촛불을 끄려고 하지 말라. 그 촛불은 정성으로 밝힌 등이라 꺼지지 않을 것이다.(현우

경 근본약사품)"

부처님께서는 여인의 마음을 헤아리고 계셨던 것입니다.

49재를 올리는 데 있어 비용은 중요하지 않습니다. 가장 중요한 것은 정성입니다. 정성껏 그리고 형편껏 지내는 것이 49재에 드는 적절한 비용이라고 할 수 있습니다.

49재에 필요한 준비물은 미리미리

49재는 보통 사찰에서 올리는 까닭에 우리는 아무런 준비도 없이 맞이하는 경우가 많습니다. 사찰의 스님이 웬만한 것은 다 알아서 준비해 주시기 때문일 겁니다. 그러나 누누이 말씀드렸듯이 정성이 가장 중요합니다. 그냥 무심히 참여하지 마시고 가기 전에 49재 의식 순서를 한 번 잘 살펴보는 것이 좋습니다. 그래야 스님이 49재를 집전하실 때 한마음으로 함께 할 수 있습니다.

스님은 스님대로 집전하고 가족은 가족대로 슬픔에 젖어 있거나 어리둥절해 있으면 산만해지기 쉽습니다. 요즘 각 사찰에서 나오는 법요집을 보면 49재 의식의 순서가 실려 있으니 참고하시기 바랍니다.

그 외에도 준비해야 할 점들을 간단히 살펴보면 다음과 같습니다.

첫째, 영가의 왕생극락을 기원하는 발원문을 작성하십시오. 그리고 49재가 시작될 때 조용히 영가에게 읽어 주고 부처님전에 올리시면 됩니다.

둘째, 49재에 동참할 인원을 점검하고 사찰에 통보하십시오. 그래야 사찰에서도 준비하기가 수월하고 참여하는 이의 입장에서도 산만하지 않습니다.

셋째, 49재 비용을 가족들이 함께 상의하여 전하도록 합니다.

넷째, 극락세계로 가는 해탈복을 입혀드리는 관욕의식에 쓰일 수건, 비누, 치약, 칫솔, 고무신, 영가의 옷 등을 미리 준비합니다.

다섯째, 상복을 깨끗이 하여 정갈하게 입을 수 있도록 준비합니다.

여섯째, 독경 때 필요한 경전과 법요집을 준비합니다.

일곱째, 국화 등 꽃을 준비합니다.

이외에도 49재에 필요한 사항을 잘 헤아려

49재를 무리 없이 지낼 수 있도록 마음을 써야 합니다. 한 생명의 마지막 가는 길이며 또 새로운 생을 준비하는 의식인 만큼 그 정성이 각별해야 하기 때문입니다.

영가 천도 영험사례

내 이름이 빠졌어요

　대방동에 있는 관음사에서 있었던 일입니다. 스님은 1년에 한 번 모든 영가를 천도하는 합동천도재를 지냈습니다.

　그 해도 천도재 지낼 때가 되어 대중스님이 모두 모여 절에 올려져 있는 위패를 모셔 놓고 또 무주고혼들 모두를 청해 여법하게 천도재를 지내주었습니다.

　그런데 며칠 후 스님의 꿈에 한 영가가 나

타났습니다. 그는 자신의 이름을 대면서 이름이 빠졌다고 했습니다.

스님은 무슨 일인가 영문을 몰라 다음날 천도재를 지낼 때 모셨던 위패들을 살펴보았습니다. 그리고 꿈에서 보았던 그 영가의 이름을 찾아보았습니다. 그런데 정말 그 영가의 이름이 없었습니다.

스님은 사찰에 기록되어 있는 신도카드를 일일이 다 찾아보았는데 그 속에 뜻밖에도 꿈에 나타났던 영가의 이름이 있었습니다.

천도재를 올리면서 실수로 그 영가의 위패를 빠뜨렸던 것입니다. 스님께서는 부랴부랴 영가의 위패를 찾아 영단에 올려 주었고 그 뒤로는 영가가 꿈에 나타나지 않았다고 합니다.

딸의 몸 속에 들어간 영가

보문동 보문사에서 있었던 일입니다.

보문사에서는 49재를 자주 올리는데 그 날은 오랫동안 보문사에 다녔던 한 할머니의 49재가 탈상되는 날이었습니다. 할머니는 매일 새벽 예불마다 참석할 정도로 신심이 돈독한 신도님이었습니다.

그런데 부처님 오신 날처럼 큰 불교행사 때에도 늘 혼자만 오셨습니다. 가족들은 단 한 분도 나타나지 않았습니다. 그래서 스님들이 가끔 "할머니는 가족 없으셔요?" 하고 물으시면 노보살님은 "왜 없어, 다섯이나 있어요. 그런데 다 그 모양이야" 하면서 서운한 마음에 말끝을 흐리곤 하셨습니다.

그러던 할머니가 인연이 다해 세상을 떠났습니다.

그러자 할머니 말씀대로 다섯 명의 자손들이 찾아와서 49재를 지내줄 것을 청했습니다. 평소 인연 있는 신도여서 스님들은 할머니를 떠올리면서 정성으로 49재를 올렸습니다.

그런데 49재를 탈상하는 날, 영가를 극락으로 보내는 봉송게를 막 마치고 식구들과 공양을 하려던 참이었는데 갑자기 영가가 딸의 몸속으로 들어왔습니다. 딸의 평소 모습은 온데간데없이 할머니의 말투에다 표정을 짓고 있었습니다. 가족들은 너무 놀라서 어쩔 줄을 몰라했습니다. 곁에 계시던 스님들은 영가가 딸의 몸 속으로 들어간 것을 아시고 영가에게 저승으로 돌아가라고 일러 주었습니다.

그러자 영가는 딸의 입을 빌어 하고 싶은 말이 있다면서 평소 자손들에게 가졌던 마음을 다 풀어놓았습니다. 할머님은 "부처님을 열심히 믿어야 한다." "부모를 잘 공경해야 한다." "착하게 살아야 한다." 등등 자손들의 그릇된 품성을 하나하나 지적하면서 법문을 하듯이 말씀하셨습니다.

　　가족들은 처음엔 어리둥절했지만 어머님의 음성을 확인하면서 진심으로 어머니의 말씀에 따르겠노라고 대답했습니다.

　　그 대답을 듣자마자 영가는 홀연히 빠져나갔고 딸은 본래의 모습으로 돌아왔습니다. 불법에 귀의해 왕생극락하는 길에 자손들의 그릇된 마음 씀이 안타까워 충고의 말씀을 하고 가신 것입니다.

배가 고파요

언젠가 거사 한 분이 찾아와서 "스님, 영가라는 게 있긴 있나 봅니다." 하면서 얼마 전 있었던 일을 얘기했습니다.

거사님의 오랜 친구분이 세상을 떠났는데 그 가족들이 타 종교인이라서 장례식만 치르고 49재는 지내지 않았다고 합니다. 가족들이 내린 결정이라서 거사님도 달리 어떤 방법을 취하지 못하고 그냥 지나쳤습니다.

그런데 며칠 전 이상한 꿈을 꾸었다는 것입니다. 얼마 전 세상을 떠난 친구가 꿈에 나타나서는 다짜고자 배가 고프다면서 먹을 걸 달라고 애원하더라는 얘기였습니다. 그 표정이 얼마나 딱하고 절절하든지 내 마음이 무겁다면서 상의를 해 왔습니다.

그런데 그 영가가 생전에 그렇게 야박할 수가 없었다고 합니다. 누구에게 밥 한 끼 사준적이 없고 누구에게 보시 한 번 해본 적 없이 그저 자기 몸 하나 챙기는 데만 급급했던 사람이었습니다.

그러던 사람이 꿈에 나타나 배가 고프다고 우는 걸 보니 업보라는 게 있나 싶기도 하다면서 거사님은 착잡해 했습니다. 그래서 거사님과 친구분들 몇몇이 모여서 조촐하게나마 천도재를 올리도록 했습니다.

7일이 지나 나름대로 여법하게 천도재를 탈상했는데, 그 다음 날 거사님으로부터 전화가 왔습니다. 아주 들뜬 목소리로 영가가 환하게 웃으면서 떠나는 꿈을 꾸었다면서 퍽 기뻐했습니다.

육신을 버리고 세상을 떠났다고는 하지만 새로운 몸을 받기까지는 생전의 습과 의식이 그대로 남아 있습니다. 그러기 때문에 누군가 돌보아 주고 이끌어 주지 않는다면 영가의 집착은 더욱 커져서 이승 주변을 맴돌게 됩니다. 부모님을 비롯해 조상님, 그리고 이 세상 무주고혼 모두를 천도하는 것은 영가의 괴로움을 끊어 주는 자비의 손길이라 할 수 있습니다.

신발 한 짝이 없어요

얼마 전 49재를 지내고 갔던 한 신도가 당시 재를 집전했던 스님을 찾아왔습니다. 영가가 꿈에 나타나 신발 한 짝이 없다고 하는데 무슨 영문인지를 모르겠다고 했습니다. 스님은 무슨 사연이 있겠다 싶어 대중 스님들과 상의를 했습니다.

그런데 아무리 생각을 해도 무슨 연유인지를 알 수가 없었습니다. 그러다 공양시간이 되어서 다 함께 공양을 하면서 그 이야기를 나누고 있는데 옆에서 듣던 공양주 보살님이 깜짝 놀라면서 "그 신발이 그 신발인가 보네요." 하는 것입니다.

49재가 있던 날 도량 뒤쪽에 웬 신발이 한 짝 떨어져 있길래 아무 생각 없이 주워다 놨다고 했습니다.

보통 49재를 탈상하고 나면 영가의 옷이며 신발 등을 다 태우는데 그때 신발 한 짝이 떨어졌던 것입니다. 그 사실을 몰랐던 공양주 보살님은 무심히 주위다가 두었던 것인데 그 신발 한 짝 때문에 영가는 떠나는 길에 영 서운했던 모양입니다.

스님은 서둘러 신발 한 짝을 마저 태워 주면서 영가의 천도를 다시 한 번 기도드렸고 영가는 그날 저녁에 가족들 꿈에 나타나 고개를 끄덕거리면서 떠나갔다고 합니다.

까치집으로 들어간 스님

수행을 많이 한 스님이 계셨습니다. 그런데 어느 날 은사스님의 입적 소식을 들었습니다. 그래 직접 재를 모시기 위해 사찰로 가서 그날부터 49재를 정성껏 올렸습니다.

그런데 한편으로 스님의 마음이 무거웠습니

다. 은사스님은 스님에게 더 없이 좋은 어른이었지만 수행을 하는 데는 게을렀던 분이었기 때문입니다. 절 살림 운영하는 데만 열심이셨고 마음을 닦는 일은 멀리하셨던 것입니다.

그런·까닭에 스님은 은사스님이 어디로 떠나고 계신지 몹시 걱정이 되었습니다. 스님은 이른 새벽에 일어나 가만히 은사스님의 모습을 관하였습니다. 그 순간 은사스님은 저승길을 걷고 계셨는데 그 앞쪽에 까치집이 하나 있었습니다. 그런데 까치집을 가만히 살펴보니 까치가 알을 부화하고 있었습니다. 스님은 아차 싶었습니다. 은사스님이 까치집으로 들어갈 것을 예견하셨던 것입니다.

은사스님이 축생계로 드는 것을 구해내야겠다는 마음이 들었습니다. 스님은 천도재를 올리면서 부처님의 위신력에 의지해 은사스님께 다가갔습니다. 그리고는 돌아가라며 발뒤꿈치가 움찔하도록 무섭게 고함을 질렀습니다.

은사스님은 난데없이 들리는 고함소리에 정신이 퍼뜩 들어 정신 없이 뒤돌아 도망가듯 달려갔습니다.

그후 스님은 남은 기간 동안 은사스님을 위해 부처님 말씀을 들려주었고 은사스님은 제자의 천도로 극락정토에 나셨다고 합니다.

영가를 참으로 위하는 것은 영가가 바른 생각과 바른 지혜를 갖도록 일러 주는 것입니다. 설사 은사라 하더라도 고함을 질러 바른 곳으로 이끄는 것이 참다운 천도입니다.

　　만공스님께서 생전에 파계사에서 영가 천도
법문을 하신 적이 있으십니다.

　　　법좌에 올라 이르되,
　　　업이 가벼운 자는 명이 짧고
　　　업이 무거운 자는 명이 길다.

　　　송하여 이르되,
　　　허무한 것이 진실한 몸이어니
　　　인아상(人我相, 나)이 어디에 있을까 보냐

망령된 정령을 쉬어 제하지 아니하고
곧바로 반야선을 타리라.

　"업이 가벼운 자는 명이 짧고 업이 무거운
자는 명이 길다."는 만공스님의 말씀은 죽음에
대해 다시 한 번 생각하게 합니다.

　죽음에 이르러 마땅히 슬퍼할 일이나 스님
은 업이 가벼운 탓이라고 말씀하십니다. 사바
세계의 삶이란 아무래도 업을 짓기 쉬우므로
이를 경계하신 말씀인 듯 합니다.

　또한 죽음이란 이별의 아픔보다는 윤회를
벗어나 해탈에 이르는 새로운 시작임을 일러
준 것이기도 합니다. 그리고 마지막에 가서
"망령된 정령을 쉬어 제하지 아니하고 곧바로
반야선을 타리라"며 스님은 천도재를 올려 영

가를 해탈케 하였음을 말씀하고 계십니다.

나고 죽는 것은 인륜의 대사라고 하였습니다. 그러나 그 어느 하나 우리 뜻대로 이룰 수 있는 것은 없습니다. 인연에 따라 나서 인연에 따라 세상을 떠나갑니다. 그것이 세상의 이치이며 윤회의 법칙인 것입니다.

그러나 정진하여 무명을 깨친다면 우리는 더 이상 윤회의 고통을 겪지 않아도 됩니다.

업이 두터워 금생에 수행하지 못하였다면 내세에 다시 닦으면 될 일입니다. 하지만 영가의 가족들이 천도의 중요성을 바로 알아 천도재를 지내준다면 영가는 반드시 피안의 세계로 가게 될 것입니다.

티벳 사자(死者)의 서(書)란 어떤 책인가?

흔히 사람은 죽으면 49일 간의 기간을 거쳐서 다음 생으로 환생한다고 합니다. 이 49일 간에 벌어지는 각각의 상황과 대처방안에 관해 자세하게 설명하고 있는 보기 드문 책이 바로 《티벳 사자의 서》입니다.

그러나 《티벳 사자의 서》는 장례식 절차나 사후세계에 관한 설명으로 그치지 않습니다. 사후에 접하는 상황은 모두 우리 자신의 마음에서 시작된 환영에 불과한 것이며, 과거와 육신으로 둘러싼 나 자신에 대해서 집착하는 마

음을 끊을 때 비로소 자유와 깨달음의 세계에 이를 수 있다고 밝히고 있습니다.

그런 의미에서 《티벳 사자의 서》는 단지 죽은 이를 위한 것이 아니라 삶의 전 과정에서 반드시 필요한 구도와 수행의 중요성을 역설하고 있는 것입니다.

죽음과 다음 생으로의 환생 사이 중간 상태에서 일어나는 일련의 과정을 다루고 있는 《티벳 사자의 서》는 서기 8세기경 티베트의 고승 파드마삼바바에 의해 기록된 것 가운데 하나로, 20세기 초 티베트 스님 라마 카지 다와삼둡과 영국인 종교학 교수 에반스 웬츠에 의해 번역되면서 세상에 알려지게 되었습니다.

우리말로는 《티벳 사자의 서》라는 이름으로 알려져 있지만 원제목은 '바르도 퇴돌(Bardo

Thos-grol)'입니다. '바르도'란 사람이 죽은 다음
에 다시 환생하기까지 머무는 사후의 중간 상
태를 가리키며 '퇴돌'이란 듣는 것으로 영원한
자유에 이른다는 의미입니다. 그러니까 사후세
계의 중간 상태에서 듣는 것만으로 영원한 자
유에 이르는 가르침이라는 의미가 됩니다.

생명을 가진 자라면 누구도 죽음을 피할 수
없다는 엄연한 사실 앞에서 우리는 죽음을 맞
이하는 올바른 방법에 대해 깊이 생각해 봐야
하겠습니다. 특히 죽음 직후의 상황에서 어떻
게 대처하는가에 따라 다음 생이 결정된다는
사실을 생각하면 윤회나 49일 간의 중음신의
세계를 인정하든 부정하든 관심을 기울이지
않을 수 없습니다.

누구를 막론하고 필연적으로 맞닥뜨리는 죽

음의 과정에서 가장 중요한 것은 마음의 평정입니다. 죽음을 맞이했을 때의 생각이 다음 생의 성격을 결정짓기 때문입니다. 평상시 자신의 생각을 올바르게 통제할 수 있는 수행을 해야 하는 이유도 바로 여기에 있습니다.

물론 다음 생을 결정짓는 핵심은 살아 있는 동안의 개개인의 업입니다. 죽음의 순간에 어떤 생각과 어떤 자세를 갖는가 하는 것도 역시 살아 생전의 업에 의해서라고 할 수 있습니다. 《티벳 사자의 서》에서는 맑고 투명한 정신상태로 죽음의 순간과 49일을 맞는다면 살아 생전의 업을 뛰어넘은 대자유, 즉 해탈의 세계로 갈 수 있다고 설하고 있습니다.

그렇기에 이 책을 읽다 보면 살아 있는 동안 보다 바르게 수행하고 더욱 열심히 정진해

야겠다는 마음을 가지면서도 그 동안의 부족
하고 잘못된 행위에 대해서도 불보살의 도움
으로 씻어낼 수 있다는 희망과 가능성을 엿보
게 됩니다.

그렇기 때문에 평소 이 책을 부지런히 읽으
면서 살아 있는 동안 어떻게 수행할 것인가 하
는 문제를 늘 가슴에 새겨야 합니다. 아울러 죽
은 이에게도 이 책을 정성껏 읽어 주어 윤회계
의 방황을 그칠 수 있게 도와 주어야 합니다.

《티벳 사자의 서》는 사후세계를 세 부분으
로 나누고 있습니다.

사후 첫째날부터 열넷째날까지는 치카이 바
르도(Hchikhahi Bardo)와 초에니 바르도(Chosnyid
Bardo)를 경험하게 되며, 사후 열다섯째날부터
49일 되는 날까지는 시드파 바르도(Sridpahi

Bardo)를 경험하게 됩니다.

첫번째 단계인 치카이 바르도는 죽음을 맞이한 순간부터 3일 반이나 4일 동안 겪는 것으로, 대부분의 경우 의식체는 자신이 육체로부터 분리되었다는 사실을 알지 못한 채 기절 상태 또는 수면 상태에 빠진다고 합니다.

두번째 단계인 초에니 바르도는 자신에게 죽음이 일어났다는 사실을 깨닫는 시점으로 사자는 자신이 죽었음에도 불구하고 육체를 갖고 있다는 착각에 빠지기 쉬우며 실제로 그런 몸을 갖고 있지 않다는 것을 깨닫는 순간 육체를 소유하려는 강렬한 욕망을 갖게 됩니다.

그래서 그는 몸을 찾게 되고 환생의 길을 찾는 세번째 단계인 시드파 바르도로 들어가게 되는 것입니다. 그리고 이 시드파 바르도에서 사자는 자신의 업이 선호하는 결정에 따라 다음 생에 환생함으로써 사후세계는 끝납니다.

생각하는 대로, 원하는 대로, 그리고 행동하는 대로 결과를 받는다는 불교의 가르침은 살아 있을 때나 죽음에 이르렀을 때나 변함없이 관철되는 진리입니다. 다만 사후의 중간 상태에서 나타나는 환영들은 실제로 존재하는 것이 아니라 사자의 마음 속에 담긴 생각들이 투영된 것에 불과하다는 것을 기억하라고 이 책에서는 거듭 강조합니다.

그러므로 욕망이나 집착, 분노, 두려움의 감정을 이기는 것이 가장 중요합니다. 특히 다음 생을 받기 전까지 이런 감정들을 이기고 오로지 지혜와 진리의 세계로 가겠다는 일념을 간직한다면 윤회에서 벗어나는 것은 충분히 가능해집니다. 너무도 사실적으로 보이는 사후세계의 환영들이 실제로는 자신의 무지와 미혹에서 나오는 것이라는 사실을 인식한다면 공의 세계를 받아들이게 될 것입니다.

참고로 흔히 환생을 이야기할 때 이야기되는 동물로의 환생에 관해서 《티벳 사자의 서》 편집자인 에반스 웬츠는 상징적인 의미라고 말합니다. 동물의 세계에서 인간으로 환생하기까지 무수한 시간이 필요하듯이 인간세계에서 다시 동물로 환생하기까지도 무수한 시간이 필요하다는 것입니다.

그런데도 돼지, 닭, 개, 소, 개미, 뱀, 원숭이 등의 형태로 환생한다고 이야기되는 것은 각각의 동물이 갖고 있는 속성이 인간 내면에 많은 부분을 차지한다는 의미로 받아들여야 한다고 말합니다.

　똑같은 인간이라고 하더라도 사악함이나 게으름, 또는 부지런함이나 어리석음의 속성이 개인에 따라 차지하는 정도가 다르다는 것은 우리들도 익히 알고 있습니다. 그렇기 때문에 영원한 자유에 이르지 못하면 자신이 지은 업에 따라 각종 동물들로 상징되는 정신적 특성이나 성격을 지닌 채 인간의 형태로 계속 윤회를 하게 된다는 것을 상징하는 것일 뿐입니다.

　그런 의미에서 본다면 이미 인간으로서의 삶을 경험하고 있는 우리들은 지난 세월 무수한 환생의 과정을 통해서 성숙해진 결과인 셈이며 이제 윤회계에서 벗어나 대자유의 해탈 세계로 갈 수 있는 확률은 그만큼 높다는 말이 될 것입니다.

결국 살아서나 죽어서나 부처의 경지로 향하는 수행의 힘과 거칠고 사악한 욕망 쪽으로 달려가는 업의 힘이 맞부딪치면서 그 중 하나의 힘이 주도권을 잡게 되는 것이겠지요.

불교는 다른 종교와는 달리 영원한 지옥세계나 영원한 천상세계를 인정하지 않습니다. 49일 간의 사후세계는 또 다른 새로운 삶을 찾아가는 중간 단계일 뿐입니다.

죽음 또한 부처의 경지를 향한 의미 있는 발걸음의 하나가 되는 것입니다. 죽음 역시 보다 성숙한 수행의 경지로 나아가는 하나의 단계라고 생각한다면 죽음에 대한 두려움이나 죽음 자체를 피하고 싶다는 생각을 조금은 바꿀 수 있지 않을까 합니다.

그런 의미에서 《티벳 사자의 서》는 짧고 허

망한 인생살이를 어떻게 살아야 잘 살았다고
할 것인가에 대해 깊이 고민하는 이에게는 더
없이 소중한 가르침이 될 것입니다. 생과 사를
반복하게 하는 것은 오직 집착일 뿐입니다. 집
착하는 마음을 진정으로 버릴 수 있을 때 우리
는 부처의 세계로 성큼 다가가게 될 것입니다.

치카이 바르도 - 죽음 순간의 사후세계

수행을 통해 깨달음에 이른 이는 죽음 후의
세 단계를 거치지 않고 곧바로 영원한 자유에
이릅니다. 하지만 진리의 가르침에 귀를 기울
이거나 수행을 쌓은 사람이라면 누구나 이 단
계의 가르침을 통해 존재의 근원에서 나오는
투명한 빛으로 인도될 수 있습니다.

진리의 스승이나 형제, 또는 학식 있는 자가 이 가르침을 반복해서 읽어 주면 사자는 가르침의 내용을 기억하여 존재의 근원에서 비쳐 나오는 투명한 빛을 깨달아 영원한 자유를 얻게 됩니다.

　마지막 숨이 막 멎으려고 할 때 임종을 맞이하는 자의 귀에 대고 여러 번 반복해서 읽어 줘야 할 내용은 다음과 같습니다.

　"그대가 존재의 근원으로 돌아가는 길을 찾을 순간이 다가왔다. 이제 그대는 사후세계의 첫번째 단계에서 그 근원의 빛을 체험하려 하고 있다. 그대여, 이 순간에 모든 것은 구름 없는 텅 빈 하늘과 같고, 아무 것도 걸치지 않은 티 없이 맑은 그대의 마음은 중심도 둘레도 없

는 투명한 허공과 같다. 이 순간 그대는 그대
자신의 참나를 알라. 그리고 그 빛 속에 머물
러 있으라."

　날숨이 멎으려고 할 때 임종자를 오른쪽으
로 돌려 눕히고 목의 오른쪽과 왼쪽에 있는 동
맥을 누릅니다. 이렇게 함으로써 척추의 에너
지 통로에 있는 생명력은 정수리의 브라흐마
의 구멍을 통해 확실하게 빠져나가게 됩니다.
누르스름한 액체가 시신의 여러 구멍으로부터
나오기 시작할 때까지 앞의 문장을 사자에게
반복해서 읽어줘야 합니다.
　그리고 사자에게 나타나는 죽음의 현상들을
순서에 따라서 생생하게 일깨워 줘야 합니다.
죽음의 모든 현상이 거의 끝나갈 무렵, 임종자

의 귀에 대고 다음과 같이 말합니다.

"죽음이라 불리는 것이 이제 그대에게 다가
왔다. 그러니 결심하라.

'아, 지금은 죽음의 때로다. 나는 이 죽음을
이용해 허공처럼 많은 생명 가진 모든 것들에
게 사랑과 자비의 마음을 가지리라. 그리고 그
들을 위해 완전한 깨달음을 얻기 위해 노력하
리라.'

지금이야말로 그대가 모든 생명 가진 것들의
이익을 위해 존재의 근원에서 나오는 투명한
빛을 깨달을 수 있는 더없이 중요한 기회다. 그
것을 잊지 말라. 그리고 이렇게 결심하라.

'비록 내가 그것을 이루지 못할지라도 나는
이 사후세계만은 정확하게 자각하리라. 그리고

이 사후세계에서 존재의 근원과 하나가 되어
어떤 모습으로든지 모든 생명 가진 존재들에게
이익이 될 만한 모습으로 나타나리라. 무한한
허공처럼 다함없는 모든 생명 가진 존재들을
위해 나는 일하리라.'

　이 결심을 잊지 말라. 또한 그대가 살아 있
을 때 수행했던 명상법들을 기억해야만 한다."

　호흡이 완전히 멈춘 것이 확인되면 서서히
잠에 빠져드는 임종자의 목의 좌우 동맥을 단
단하게 눌러줍니다.

　"이제 그대는 순수한 존재의 근원에서 나오
는 투명한 빛을 체험하고 있다. 그것을 깨달으
라. 그대의 현재의 마음이 곧 존재의 근원이며

완전한 선이다. 그것은 본래 텅 빈 것이고 모습도 없고 색깔도 없는 것이다. 그대 자신의 마음이 곧 참된 의식이며 완전한 선을 지닌 부처임을 깨달으라. 그것은 텅 빈 것이지만 아무 것도 없는 텅 빔이 아니라 아무런 걸림이 없고 스스로 빛나며 기쁨과 행복으로 가득한 텅 빔이다. 본래 텅 비어 있고 아무런 모습도 갖지 않은 그대 자신의 참된 의식이 곧 그대의 마음이다. 그것은 스스로 빛나고 더없는 행복으로 가득한 세계다.

이 둘은 서로 다른 것이 아니라 하나다. 그 하나됨이 바로 완전한 깨달음의 상태다. 그대 자신의 마음이 바로 영원히 변치 않는 빛 아미타불이다. 그대의 마음은 본래 텅 빈 것이고 스스로 빛나며 저 큰 빛의 몸으로부터 떨어질 수 없다. 그것은 태어남도 없고 죽음도 없다. 이것을 깨닫는 것으로 충분하다. 본래 텅 빈 그대 자신의 마음이 곧 부처임을 깨닫고, 그것 이 곧 그대 자신의 참된 의식임을 알 때 그대 는 부처의 마음상태에 머물게 되리라."

사자의 순수의식은 이 말을 들음으로써 투명한 빛을 깨닫고 자기 자신의 모습을 깨달아 존재의 근원과 영원히 하나가 될 것입니다. 그러나 최초의 이 투명한 빛을 깨닫지 못하면 두 번째 투명한 빛이 사자 앞에 나타납니다. 이것은 호흡이 완전히 정지되고 나서 한 식경(30분)쯤 지난 뒤에 일어납니다.

생명이 끊어져 의식체가 몸 밖으로 나왔을 때 사자는 죽은 건가, 살아 있는 건가 반문하

게 됩니다. 살아 있을 때와 마찬가지로 자신의
가족과 친척들을 볼 수 있기에 사자는 잘 분간
하지 못합니다. 이때 다음과 같이 말합니다.

"위대한 자비를 지닌 관세음보살님에 대해
명상하라."

자신이 죽었는지 살았는지 알지 못하는 사
이에 밝음의 상태가 사자에게 나타납니다. 사
자가 이 상태에 있을 때 이 가르침을 성공적으
로 실천하면 그는 카르마의 지배를 벗어나게
됩니다. 태양의 빛이 어둠을 몰아내듯이 도의
투명한 빛은 카르마의 힘을 무산시켜 버립니
다. 이때는 아직 카르마의 환영이 나타나지 않
았기 때문에 이 소중한 가르침이 잘 전달되기

만 하면 영원한 자유를 얻을 수 있습니다.

초에니 바르도 – 존재의 근원을 체험하는 사후세계

이 단계에서는 살아 있을 때 쌓은 카르마가 만들어 내는 환영들이 빛나는 시기입니다. 이 때쯤 사자는 자기 곁에 음식물이 따로 차려져 있고, 옷은 수의로 갈아 입혀졌으며, 잠자리가 깨끗이 정돈되어 있는 광경을 보게 됩니다.

그리고 친구와 친척들이 애통해하는 소리를 듣게 됩니다. 그들을 볼 수 있고 그들이 자기에게 외치는 소리를 들을 수 있지만 그들은 그가 부르는 소리를 들을 수 없기 때문에 그는 실망하게 됩니다. 사자는 놀라고 당황하며 두려워 몹시 지치게 됩니다. 바로 이 순간에 존재의 근원으로 사자를 인도하는 가르침이 행해져야 합니다.

"그대는 죽음의 순간의 사후세계와 존재의 근원을 체험하는 사후세계와 환생을 원하는 사후세계를 경험하게 될 것이다. 그대는 어제까지 죽음의 순간의 사후세계를 경험했다. 존재의 근원에서 나오는 투명한 빛이 그대에게 나타났으나 그대는 그것을 붙잡을 수 없었다.

이제 죽음이라고 부르는 것이 다가왔다. 그대는 이 세상을 떠나고 있다. 하지만 그대만이 유일하게 떠나는 자는 아니다. 죽음은 누구에게나 찾아온다. 이 세상의 삶에 애착을 갖거나 집착하지 말라. 그대가 마음이 약해져서 이 세상에 남겨둔 것에 아무리 집착할지라도 그대

는 이제 여기에 머물 힘을 잃었다. 그대가 집
착을 버리지 않는다면 그대는 이 윤회계의 수
레바퀴 아래를 헤매는 것밖에는 아무 것도 얻
을 것이 없다. 그러니 마음이 약해지지 말라.
다만 진리와 진리를 깨달은 자와 그를 따를 구
도자들을 기억하라.

초에니 바르도에서 그대에게 어떤 공포와
두려움이 밀려올지라도 그대는 다음에 하는
말들을 잊지 말라.

'아, 나는 지금 불확실하게 존재의 근원을
체험하려 하고 있다. 나는 모든 환영에 대한
공포와 두려움과 놀라움을 접어두리라. 그리고
어떤 환영들이 나타나든지 그것이 내 자신의
마음 속에서 나온 것임을 깨달으리라. 그것들
이 바르도의 환영임을 나는 꿰뚫어 보리라. 위

대한 목적을 성취할 이 중요한 순간에 나는 내 사념들의 표현인 평화의 신들과 분노의 신들을 두려워하지 않으리라.'

그대의 육체와 마음이 따로 분리되어 있는 이때, 그대는 순수한 진리의 세계를 잠깐 경험하게 되리라. 그것은 밝고 눈부시고 미묘하며 무서울 정도로 빛이 난다. 마치 봄날의 풍경 속을 가로질러 가는 신기루처럼 끝없이 물결치며 흘러간다. 그러나 그것들을 보고 당황하거나 두려워하거나 무서워하지 말라. 그것은 그대 자신의 참 자아에서 나오는 빛일 뿐이다.

그 빛 한가운데에서 천 개의 천둥이 동시에 울리는 것처럼 존재의 근원에서 나오는 자연스런 소리가 들려올 것이다. 그것은 그대 자신의 참 자아에서 나오는 소리이다. 그 소리에 당황하거나 두려워하거나 무서워하지 말라.

그대는 육체를 갖고 있지 않으므로 어떤 것
이 그대 앞에 나타나든지 그것들은 그대를 해
칠 수 없다. 그대가 이 가르침의 중요한 열쇠
를 알지 못하면 그대는 빛과 소리와 색채의 본
질을 깨닫지 못하고 윤회계 속을 방황하게 될
것이다.".

첫째날

"그대는 지난 사흘 반 동안 기절 상태에 있
었다. 여기서 깨어나자마자 그대는 나에게 무
슨 일이 일어난 걸까 생각할 것이다.

그대는 지금 사후세계에 와 있음을 깨달으라.
세상은 완전히 달라져 있을 것이다. 그대의 눈
에 보이는 모습들은 모두 빛의 몸을 하고 있고

천신들의 형상을 하고 있을 것이다. 그리고 하늘 전체가 온통 짙은 푸른색으로 빛날 것이다.

이 순간 비로자나불이 그대에게 나타날 것이다. 그는 흰색을 하고 있고 사자좌에 앉아 있으며 손에는 여덟 개의 살을 가진 바퀴를 들고 있으며 우주 공간의 어머니를 껴안고 있다.

비로자나불의 가슴으로부터 투명하고 장엄하고 눈부시게 빛나는 법계의 대지혜가 뿜어져 나와서 그대 앞으로 다가올 것이다. 그 빛은 푸른색이고 너무도 강렬해서 그대는 그것을 똑바로 쳐다볼 수조차 없을 정도다.

그 빛과 함께 또 다른 빛 하나가 그대 앞으로 다가올 것이다. 비로자나불의 강렬한 빛과는 달리 이 빛은 어두운 흰색 빛이다. 이 빛은 천상계의 여러 존재들에게서 나오는 빛이다.

그대는 빛나고 눈부시고 장엄한 푸른색 빛을 두려워하지 말아야 한다. 그 빛에 놀라지 말라. 그것은 '진리의 세계로부터 나오는 지혜의 빛'이라고 부르는 깨달은 자의 빛이다. 그것은 사후세계의 위험한 길에서 그대를 맞이하기 위해 나타난 비로자나불의 가슴에서 나오는 빛이라 생각하고 그 빛에 기도하라.

　　천상계의 존재들에게서 나오는 어두운 흰색 빛에 이끌리지 말라. 애착을 갖지 말라. 마음이 약해져서는 안 된다. 그 어두운 빛에 이끌린다면 그대는 천상계의 울타리 안에서 방황하게 될 것이고 마침내 육도윤회의 소용돌이 속으로 끌려 들어갈 것이다. 깊은 신뢰를 갖고 눈부신 푸른색 빛을 바라보라. 무지의 어둠을 버리고 진리의 세계로부터 나오는 지혜의 눈부

200

신 빛을 따르라. 그러면 그대는 무지개 빛에 둘러싸여 비로자나불의 가슴 속으로 곧바로 녹아 들어갈 것이다. 그리고 불국토의 세계에서 부처의 경지를 얻으리라."

둘째날

"둘째날에는 순수한 형태의 물 원소가 흰색 빛으로 밝아져 올 것이다. 지복으로 가득한 동쪽세계(묘희국)로부터 아촉불이 금강살타의 모습으로 그대에게 나타날 것이다. 그는 푸른색이고 코끼리 왕좌에 앉아 어머니 신 마마키를 껴안고 있으며 한 손으로는 다섯 개의 날카로운 모서리를 가진 금강저를 들고 있다. 그리고 지장보살과 미륵보살이 두 명의 여성 보살 라세마와 푸쉬페마를 데리고 나타나리라.

금강살타의 가슴으로부터 밝고 눈부신 흰색 빛이 그대 눈 앞으로 다가올 것이다. 그것은 거울 같은 대지혜의 빛이며 그대의 의식의 집합체가 순수한 형태로 그 안에 녹아 들어가 있다. 그 빛은 그대가 똑바로 바라볼 수 없을 정도로 눈이 부시고 투명하다.

동시에 지옥계로부터 어두운 회색 빛이 그대 앞에 다가올 것이다. 그때 그대는 살아 있을 때 갖고 있던 분노의 힘 때문에 눈부신 흰색 빛을 보고는 놀라 달아나려 할 것이다. 그리고 지옥계로부터 오는 어두운 회색 빛을 더 좋아하게 될 것이다.

이 회색 빛은 그대가 생전에 자주 분노한 것이 쌓여서 생긴 나쁜 카르마의 힘 때문에 보이는 것이다. 그 빛에 끌려가면 그대는 지옥계에 떨어질 것이다. 분노의 마음을 버리고 거울 같은 대지혜로부터 나오는 눈부신 빛의 길을 따라 완전한 부처의 경지에 이르라."

셋째날

"셋째날에는 원초적인 형태의 흙원소가 노란 빛으로 밝아올 것이다. 그때 영광으로 가득한 노란색의 남쪽세계(극묘세계)로부터 보생불이 그대에게 나타날 것이다. 그는 노란색이고 말 왕좌에 앉아 어머니 신 상예찬마를 껴안고 있으며 한 손에는 보석을 들고 있다.

두 명의 보살인 허공장보살과 보현보살이 두 여성 보살인 말라이마와 두페마를 데리고 그를 수행할 것이다. 보생불의 가슴으로부터 평등지혜를 상징하는 노란색 빛이 나오는데 눈을 뜨고 똑바로 바라볼 수 없을 정도로 투명하고 눈이 부시다. 이와 함께 그 옆에는 인간계에서 나오는 어둡고 푸르스름한 노란색 빛이 그대의 가슴을 향해 다가오리라.

이때 그대는 자만심의 카르마 때문에 눈부신 노란색 빛을 보고는 놀라 달아나려 할 것이다. 그리고 인간 세상으로부터 오는 어둡고 푸르스름한 노란색 빛에 이끌리게 될 것이다.

이 순간 그대는 그 밝고 눈부신 노란색 빛을 두려워하지 말라. 그것이 대지혜의 빛임을 깨달으라. 겸허한 마음으로 그 빛을 신뢰하라. 만일 그 빛이 그대 자신의 마음의 근원으로부터 나오는 것임을 깨닫는다면, 그 빛에 대해 겸허함과 믿음과 기도를 바치지 않더라도 신의 몸과 빛이 그대 안에서 하나가 될 것이다.

그리고 그대는 부처 경지를 얻게 될 것이다.

만약 인간계로부터 나오는 어둡고 푸르스름한 노란 빛에 끌려가면 그대는 인간계에 떨어져서 태어나고 늙고 병들고 죽는 고통을 겪을 것이다. 그리고 속세의 수렁에서 벗어날 기회를 잃게 되리라. 자만심을 버리고 평등지혜로부터 나오는 눈부신 빛을 따라가라."

넷째날

"넷째날에는 불 원소의 원초적인 형태인 붉은 빛이 나타날 것이다. 그때 행복의 세계인 붉은색 서쪽세계로부터 붉은색의 아미타불이 그대에게 나타나리라. 그는 공작새 왕좌에 앉아 어머니 신 괴카르모를 껴안고 있고 한 손에는 연꽃을 들고 있다. 그리고 관세음보살과 문수보살이 여성 보살 길디마와 알로케를 데리고 그를 수행하리라.

아미타불의 가슴으로부터 밝고 투명하고 눈부신 붉은색 빛이 그대의 가슴을 향해 뻗어올 것이다. 그 빛은 감정의 집합체가 원초적인 형태로 나타나는 것이다.

그 빛은 모든 것을 분별하는 지혜의 빛이다. 그 빛은 너무 밝아서 그대는 그것을 똑바로 바라볼 수조차 없을 것이다. 그러나 그 빛을 두려워하지 말라.

이와 함께 불행한 귀신들의 세계인 아귀계로부터 어두운 붉은 빛이 그대를 비출 것이다. 이 어두운 빛에 대한 애착을 버려라. 이 순간 그대는 찬란하고 눈부시고 투명한 붉은 빛을 두려워하지 말라.

그것이 대지혜의 빛이라는 것을 깨달으라. 어두운 붉은색에 집착하면 그대는 불행한 혼령들의 세계에 떨어지고 갈증과 굶주림으로 참을 수 없는 고통을 겪을 것이다. 집착을 버리고 분별하는 대지혜로부터 나오는 눈부신 빛의 길을 따르라."

다섯째날

"다섯째날에는 공기 원소의 원초적 형태가 초록색 빛으로 그대를 비출 것이다. 이때 '최고의 행위를 완전하게 성취하는 세계'라고 불리는 초록색의 북쪽세계로부터 불공성취불이 그대 앞에 나타날 것이다. 그는 초록색이고 하늘을 가로지르는 금시조의 왕좌에 앉아 신앙심 깊은 어머니 신 될마를 껴안고 있으며 한 손에는 십자형의 금강저를 들고 있다. 그의 수행신으로는 착나도르제와 딥파남셀이 두 여성 보살인 간데마와 니데마를 데리고 있다.

불공성취불의 가슴으로부터 뻗어나오는 밝고 투명하고 눈부신 초록색 빛은 의지의 집합체의 원초적 형태로부터 나오는 빛이고 모든 것을 성취하는 대지혜의 빛이다.

이와 함께 거인신들이 사는 아수라 세계로부터 어두운 초록색 빛이 그대에게 비칠 것이다. 이 어두운 빛은 그대의 질투심에서 생긴 것이다. 그것에 애착을 갖지 말라. 그대가 이 빛에 끌려간다면 그대는 아수라 세계에 떨어져 전쟁과 다툼의 참을 수 없는 고통을 겪을 것이다. 질투를 그치고 모든 것을 성취하는 대지혜로부터 나오는 빛의 길을 따르라."

여섯째날

  "여섯째날에는 네 가지 원소인 흙, 물, 불, 공기의 원초 형태인 네 가지 색의 빛들이 일제히 그대를 비출 것이다. 만물의 씨앗을 사방에 뿌리는 중앙세계로부터 비로자나불이, 지복으로 가득한 동쪽세계에서 금강살타불이, 영광에 찬 남쪽세계에서 보생불이, 연꽃이 여덟 겹으로 포개진 행복의 서쪽세계로부터 아미타불이, 최고의 행위를 완전하게 성취하는 북쪽세계로부터 불공성취불이 각각 수행신들을 데리고 나타나 그대를 비출 것이다.

  이들 모두는 그대의 가슴으로부터 나오며 그대 자신의 순수한 사랑에서 생겨난 것이다. 비로자나불은 진리 세계의 지혜 그 자체인 눈부신 푸른색 광선을 그대에게 보낼 것이며 금강살타의 가슴으로부터는 거울 같은 지혜의 흰색 빛의 길이 그대를 향해 열릴 것이다. 보생불의 가슴에서는 평등 지혜의 노란색 빛의 길이, 아미타불의 가슴으로부터는 모든 것을 분별하는 지혜의 투명하고 밝은 붉은색 빛의 길이 그대를 향해 열릴 것이다. 이 모든 빛의 길들이 일제히 그대의 가슴을 향해 다가오리라.

하지만 불공성취불의 가슴으로부터 나오는, 모든 것을 성취하는 지혜의 초록색 빛의 길은 그대를 향해 열려오지 않을 것이다. 왜냐하면 그대의 마음 속에 있는 지혜가 아직 완전히 깨어나지 않았기 때문이다.

이 순간 그대는 그대의 스승으로부터 받았던 가르침을 기억해야만 한다. 그대가 스승의 가르침의 목적을 기억한다면 그대는 그대를 향해 비쳐오는 이 빛들이 그대 자신의 내면의 빛에서 나오는 것임을 깨달을 것이다. 그리고 그 빛들을 그대의 가까운 벗으로 알고 그것들을 신뢰할 것이다. 그 빛들을 만날 때 마치 아들이 어머니를 이해하듯이 그대는 이해하게 될 것이다.

순수하고 변함없는, 존재의 근원에서 나오는 빛의 길을 신뢰할 때 그대는 그대 안에 고요히 흐르는 선정에 들게 된다. 그리고 완전한 깨달음의 세계로 들어가 부처의 경지를 얻게 될 것이다. 그리고 그 상태로부터 다시 되돌아 나오는 일은 없을 것이다.

이 지혜의 빛들과 함께 윤회계의 여섯 세계로부터 순수하지 못한 환영의 빛들이 그대에게 다가올 것이다. 그것들은 천상계로부터 오

는 어두운 흰색 빛, 아수라의 거인신들의 세계
로부터 오는 어두운 초록색 빛, 인간 세계로부
터 오는 어두운 노란색 빛, 동물 세계로부터
오는 어두운 푸른색 빛, 굶주린 귀신들의 세계
로부터 오는 어두운 붉은색 빛, 지옥계로부터
오는 어두운 회색 빛이다.

　만일 그대가 지혜의 순수한 빛들을 두려워
하고, 여섯 세계의 순수하지 못한 빛들에 이끌
린다면 그대는 여섯 세계의 어느 한 곳에서 몸
을 받을 것이다. 그리고 윤회의 고통을 겪게
될 것이다. 그대는 윤회의 바다에서 결코 헤어
나지 못하고 거기서 무한한 고통을 맛보며 언
제까지 돌고 돌게 될 것이다.

　탐심과 진심과 치심, 그리고 자만심과 질투
의 마음을 버리라."

일곱째날

"일곱째날에는 정화된 마음으로부터 나오는 다양한 색채의 빛이 그대를 비출 것이다. 성스런 극락세계로부터 지식을 가진 신들이 일제히 그대를 맞이하기 위해 올 것이다. 무지개 빛으로 에워싸인 만다라 중앙에서는 최고의 지식을 가진 신이고 춤추는 연꽃 신이며 카르마의 열매를 익게 하는 최고 지식의 소유자라고 부르는 다섯 가지 색깔의 신이 그대를 비추기 위해 나타날 것이며, 동쪽에서는 대지에 머무는 자라고 부르는 지식을 가진 신이 흰색으로 빛나면서 나타날 것이고, 남쪽에서는 수명을 연장하는 힘을 가진 자라고 부르는 지식을 가진 신이 노란색으로 빛나면서 나타날 것이다. 만다라 북쪽에서는 스스로 생겨난 지식을 가진 자라고 부르는 지식을 가진 신이 초록색으로 빛나면서 나타날 것이고, 서쪽에서는 상대성을 초월한 지식을 가진 자라고 부르는 신이 붉은색으로 빛나면서 나타나리라.

그리고 원의 바깥, 지식을 가진 신들의 둘레에는 헤아릴 수 없이 많은 여신들이 나타나리라. 이들 모두가 다양한 자세로 춤을 추면서 믿음이 깊은 자는 맞이하고 믿음이 없는 자는 벌을 주기 위해 나타날 것이다.

다섯 명의 신들의 가슴으로부터 다섯 가지 색깔의 빛들이 뻗어나와 그대의 가슴을 때릴 것이다. 이 지혜의 빛들과 함께 동물 세계로부터 어두운 푸른색 빛 하나가 그대를 향해 다가올 것이다. 이때 그대는 자신의 나쁜 성향에서 생기는 환영 때문에 그 다섯 가지 색의 빛을 두려워할 것이다. 오히려 동물 세계로부터 오는 어두운 푸른색 빛에 이끌릴 것이다.

하지만 더 이상 아래쪽으로 떨어지지 말게 하고 극락세계로 인도되기를 간절하게 기도하라. 강한 믿음과 겸허한 마음으로 기도하면 그는 무지개 빛에 둘러싸여 지식을 가진 신들의 가슴 속으로 녹아 들어갈 것이고 순수한 극락세계에 태어날 것이다. 모든 사람들이 이 단계에서는 지혜의 빛을 인식하고 대자유에 이를 것이다. 악한 성향을 가진 자들까지도 여기서 틀림없이 해탈에 이를 것이다."

여덟째날부터 열넷째날까지

사자를 맞이하기 위해 평화의 신과 지식을 가진 신들이 나타났다 사라진 뒤에는 불꽃에

싸인 58명의 분노의 신들이 나타납니다. 그들은 피를 마시는 신의 모습이지만 앞에서 나타난 평화의 신들이 모습을 바꿔 나타난 것일 뿐입니다. 이제 분노의 신들이 나타나면 사자는 두려움과 공포와 전율 때문에 그들의 실체를 깨닫기가 한층 더 어려워집니다.

그러나 조금만 깨달아도 이 단계에서 대자유에 이르기는 쉽습니다. 두려움과 공포와 전율을 일으키는 빛 때문에 사자는 마음이 흩어질 겨를도 없이 잔뜩 긴장해서 한 곳으로 집중해 있기 때문입니다.

분노의 신들은 머리가 셋이고 여섯 개의 손과 네 개의 다리, 그리고 하나같이 무서운 눈과 이빨들, 그리고 소름끼치는 소리가 울려나옵니다. 손에는 흉물스러운 것들을 쥐고 있습니다.

"여덟째날에는 위대한 영광의 불호금강이 짙은 갈색을 하고 나타나며 그의 몸은 어머니 신 크로티쇼리마 부처에게 껴안겨 있다. 이 두 명의 신은 사실 아버지 신과 어머니 신이 결합된 비로자나불이다.

아홉째날에 이르면 금강신단에 속하는 피 마시는 신이 짙은 푸른색을 하고 사자를 맞으러 올 것이다. 그의 몸은 어머니 신 바즈라 크로티쇼리마에 껴안겨 있다. 이들 또한 아버지 신과 어머니 신이 결합된 금강살타이다.

열째날에는 보석 신단의 피 마시는 신이 그를 맞으러 올 것이다. 보금강이라고 하는 보석 신단의 노란색의 피 마시는 신은 어머니 신 라

트나 크로티쇼리마에게 안겨 있다. 이들은 실제로 아버지 신과 어머니 신이 결합된 보생불이다.

열하루째날에 이르면 연꽃 신단의 피 마시는 신 연화금강이 검붉은 색을 하고 나타난다. 그의 몸은 어머니 신 파드마 크로티쇼리마에게 안겨 있다. 이들은 실제 아버지 신과 어머니 신이 결합된 아미타불이다.

열둘째날에 나타나는 신은 카르마 신단의 피 마시는 신으로 업금강이라고 하며 짙은 초록색을 하고 있다. 그의 몸은 어머니 카르마 크로티교리마에게 껴안겨 있다. 이들은 사실 아버지 신과 어머니 신이 결합된 불공성취불이다.

열셋째날에는 여덟 명의 분노의 신들이 여

신과 함께 동물의 머리를 하고 나타날 것이다. 이들의 주위에는 여덟 타멘마들이 함께 사자를 비추게 된다.

열넷째날에는 네 명의 여성 문지기 신이 그대를 비추고 스물 여덟 명의 강력한 여신들이 그대를 비출 것이다. 이들은 금강신을 거느린 보생불의 육체적인 힘에서 나오는 여신들이다.

평화의 신들은 법신의 공에서 나온다. 그리고 법신의 빛으로부터 분노의 신들이 나오는 것이다. 이들이 모두 우리들의 두뇌로부터 나와서 그대를 비출 때, 그들이 그대 자신의 마음에서 나오는 빛임을 안다면 그대는 그 자리에서 피 마시는 신들 속으로 녹아 들어가 하나가 되고 부처의 경지를 얻으리라.

하지만 지금 그들을 알아보지 못하고 두려

움 때문에 그들로부터 달아난다면, 다시금 고통이 엄습할 것이다. 만일 이것을 모른다면 그대는 피 마시는 신들을 두려워하고 겁에 질리고 공포에 떨며 정신을 잃을 것이다.

그대의 마음 속 생각들이 환영으로 변해 그대는 윤회계를 방황하게 될 것이다. 그대가 겁먹지 않고 두려워하지 않는다면 그대는 윤회계를 방황하지 않으리라. 만일 그대가 그것을 알지 못하고 공포에 질려 있으면 모든 평화의 신들이 대흑천의 모습을 하고 빛날 것이다. 그리고 모든 분노의 신들은 법왕의 모습을 하고 빛날 것이다.

만일 죽는 순간에 그대가 자신의 마음을 깨닫지 못하면 죽음의 대왕인 법왕의 여러 모습들이 초에니 바르도에서 그대 앞에 나타날 것이다. 그는 손에 사자의 카르마가 기록된 기록판을 들고 '쳐라! 죽여라!' 하고 고함을 칠 것이다. 그리고 인간의 뇌를 핥고 피를 들이키며 시체의 머리를 찢어발기고 심장을 뽑아내리라. 그러나 두려워하거나 겁먹지 말라.

그대의 몸은 카르마의 성향만을 지닌 사념체이기 때문에 베이고 잘리고 토막나더라도 죽지 않는다. 그대의 몸은 실제로 텅 비어 있으므로 두려워할 필요가 없다. 죽음의 신의 신체들 역시 그대 자신의 마음에서 나온 것에 지나지 않는다.

그것들은 물질로 이루어진 것이 아니다. 텅 빈 것이 텅 빈 것을 다치게 할 수 없다. 그대의 마음을 떠나면 평화의 신이나 분노의 신이나 피를 마시는 신이나, 어떤 형태의 머리를 한 신들이나 무지개 빛이나 죽음의 대왕의 끔찍한 모습들은 실제로 존재하지 않는다. 이 사실을 알면 모든 두려움과 공포는 저절로 사라질 것이다. 그리고 그들 속으로 하나가 된 상태로 녹아 들어가 부처의 경지를 얻게 되리라."

아무리 나쁜 카르마를 많이 쌓았다고 하더라도 이 순간에 깨닫기만 하면 영원한 자유를 얻게 된다고 합니다. 그러나 사후세계의 이들 단계에서 최선을 다해 인도했어도 깨닫지 못하면 사자는 시드파 바르도라고 하는 세번째 바르도 세계로 방황해 들어가게 됩니다.

시드파 바르도 - 환생의 길을 찾는 사후세계

열넷째날을 지나기까지 자유에 이르지 못한

이가 겪게 되는 세계가 시드파 바르도입니다. 이때는 자신이 태어나고자 하는 마음 그대로 환영이 나타나게 됩니다. 하지만 그 환영을 따르지 말아야 합니다. 환영에 이끌리면 다시금 윤회계의 여섯 세계로 떨어져 방황하게 되는 것입니다. 그렇기 때문에 마음을 진리에 머물게 해야 하며 자신의 수호신과 영적 스승에 대해서 명상해야 합니다. 그리고 이때는 카르마의 힘에서 나오는 신통력을 갖게 됩니다. 하지만 그런 능력들을 추구해서도 안 됩니다.

시드파 바르도에 이르면 죽음의 상황에 대해서 절망하게 되고 가족과 친구에게 애착을 갖게 되며 슬픔과 공포와 두려움 때문에 이리저리 헤매게 됩니다. 특히 고통스럽고 견디기 힘든 카르마의 바람이 내몰게 되지만 그것 역시 스스로 만들어낸 환영에 불과합니다. 어떤 것이 다가오더라도, 그것이 기쁜 경험이라고 해도 매혹당하지 말고 고통스러운 상태를 겪더라도 환영에 불과하다고 생각해야 합니다.

종종 혼란스럽고 짜증나며 당황스러운 상황에 처하게 되지만 오직 마음을 변함없는 상태에 머물게 해야 합니다. 특히 이때는 육체를 가질 수만 있다면 어떤 일이라도 다 하겠다는 생각을 하면서 육체를 찾아 헤매다닐 것입니다. 육체에 대한 욕망을 버리고 모든 것을 단념하고 무욕의 상태에 머물도록 해야 합니다.

시드파 바르도에 이르면 사후의 심판이 있게 됩니다. 선한 수호령과 악한 수호령이 각각 사자가 생전에 행한 선행과 악행을 하나하나 헤아리게 됩니다. 그러면 겁에 질려 악행을 저

지르지 않았다고 거짓말을 하려 합니다.

그때 죽음의 왕은 카르마의 거울로 낱낱이 비추게 됩니다. 그리고 악행의 죄에 대해 고문하게 됩니다. 하지만 이러한 모든 상황은 실제로 존재하는 것이 아니라 자신의 환각에서 생겨난 것입니다. 이때 바르도에 있다는 것을 깨닫고 최고의 진리를 깨달은 명상상태에 대해서 생각하거나 두렵게 하는 본질에 대해서 관찰해야 합니다. 어떤 무서운 상황이 오더라도 결코 다치지 않으니 두려워하거나 겁낼 필요가 없습니다.

시드파 바르도에서 하는 경험들은 모두 순간적인 강렬한 슬픔과 순간적인 강렬한 기쁨에 지나지 않습니다. 기쁨에 집착하지도 말고 슬픔에도 마음 상하지 말아야 합니다. 뒤에 남

은 사람들이 무엇을 하든 분노가 일지 않도록
하고 그들을 사랑으로 명상해야 합니다. 재산
에 집착하거나 자신의 물건을 다른 이들이 갖
고 즐기는 모습에 애착과 분노를 느끼지도 말
아야 합니다. 또한 장례식 절차가 잘못되었거
나 장례식을 집행하는 종교인의 행동이 잘못
됐다 하더라도 자신이 순수하지 못하다고 생
각하고 그들을 신뢰하는 것이 좋습니다. 모든
상황에 대해 편견없는 순수한 사랑과 겸허한
믿음을 갖는 것이 중요합니다.

바르도에 있으면 사자는 끊임없이 움직이고
무슨 생각을 하든 굉장한 위력을 갖고 있습니
다. 그러므로 마음 속에 불순한 생각을 갖지
말고 살아 있을 때 배웠던 명상 수행을 기억하
고 명상이 익숙하지 않으면 순수한 사랑과 겸

허한 믿음을 가지며 자신의 신에게 기도하는 것이 좋습니다.

시드파 바르도에 이르면 사자가 장차 환생할 윤회계의 여섯 세계의 빛이 뚜렷하게 나타납니다. 어두운 흰 빛은 천신들의 천상계에서 오는 빛이고, 어두운 초록 빛은 거인신들이 사는 아수라계로부터 오는 빛이며, 어두운 노란 빛은 인간 세상으로부터 오는 빛입니다. 그리고 어두운 푸른 빛은 동물 세계로부터 오는 빛이고, 어두운 붉은 빛은 불행한 귀신들이 사는 아귀계로부터 오는 빛이며, 회색 빛은 지옥계로부터 오는 빛입니다.

이때 카르마의 힘에 의해 사자의 몸은 장차 태어나게 될 장소의 빛 색깔을 띠게 됩니다. 이때 어떤 빛이 비출지라도 그것을 자비의 신

이라고 생각하고 그것에 대해 명상하는 것이
필요합니다. 이것은 다시 태어나는 것을 막아
줍니다. 아니면 자신이 의지해 왔던 수호신을
떠올리는 것도 좋습니다. 그리고 그 수호신의
형상이 서서히 없어질 때까지 곁에서부터 녹
여버려 아무 것도 보이지 않을 때까지 계속 해
야 합니다.

그리고 다시 수호신에 대해 명상하고 또 다
시 투명한 빛을 명상하기를 반복하다가 마음
자체를 곁에서부터 서서히 녹여 없애야 합니
다. 태어나기 이전의 근원상태에 고요히 머물
러 있을 때 다시 태어나는 길을 막을 수 있으
며 그곳에서 사자는 완전한 깨달음을 얻게 되
는 것입니다.

환생의 과정 - 자궁문 닫기

지금까지 깨달음을 얻지 못하면 위로 올라 가거나 수평으로 움직이거나 아래로 내려가는 듯한 느낌을 갖게 된다고 합니다. 이때 광풍과 눈보라와 폭풍우와 어둠과 사람들에게 쫓기는 환영이 엄습합니다. 이 환각 상태에서 벗어나 자마자 선한 카르마를 쌓지 못한 사람들은 불행한 곳으로 떨어지는 느낌을 갖게 되고, 선한 카르마를 쌓은 사람들은 행복한 곳에 도착하는 느낌을 갖게 됩니다. 즉 환생할 곳의 징후가 나타나는 것입니다. 이때 자궁문을 닫는 방법을 기억해야 합니다.

먼저 자궁으로 들어가는 것을 막는 방법이 있습니다. 수호신이나 자비의 신을 눈앞에 떠올리고 그에 대해 명상해야 합니다. 그 수호신의 영상을 곁에서부터 녹여 서서히 사라지게 합니다. 영상이 완전히 사라질 때까지 아무 사념도 일으키지 말고 명상합니다. 그리고 아무 것도 존재하지 않는 텅 빈 세계에서 비쳐나오는 투명한 빛을 명상합니다. 그러면 자궁 속으로 들어가는 것을 막을 수 있습니다.

이 방법이 되지 않은 때에는 한 가지 결심을 해야 합니다. 원하는 것은 무엇이든지 사자 앞에 나타날 것이기 때문에 악한 행위를 생각하지 말고 영적인 관계와 선한 행위들을 줄곧 떠올려야 합니다.

자궁문을 닫는 두번째 방법은 남녀가 성교하는 환영을 보게 될 때 그들에게 겸허한 믿음을 갖고 마음 속으로 정성을 다해 예배를 올리는 것입니다. 그들을 신적인 스승과 그 스승의 여성 원리로 여겨야 합니다.

이와 같은 방법으로도 자궁문을 닫지 못하면 육도 윤회의 나락으로 떨어져 끝도 없고 참을 수도 없는 고통을 당한다는 점을 가슴에 새겨야 합니다.

부모의 어느 한쪽에 대해 질투심이 생겨나고 애착심이 생겨날 수 있습니다. 이때 집착과 거부감을 억제해야 합니다. 그것은 바로 자기 자신을 위해서 그렇게 하는 것입니다.

자궁문을 닫는 네번째 방법은 성교하는 남녀와 무시무시한 소리와 유령들이 모두 환영에 불과하다는 것을 깨닫는 것입니다. 존재하지도 않는 것을 존재하는 것처럼 착각하는 것은 모두 마음 때문입니다. 이 생각에 마음을 집중하면 환상으로부터 돌아서게 되는 것입니다.

자궁문을 닫는 다섯번째 방법은 자신의 마음에 관해서 명상하는 것입니다. 모든 것은 마음이며 텅 빈 것이고 태어나지도 않고 죽지도 않는다고 명상합니다. 그리고 태어나기 이전의 상태에서 휴식하게 합니다. 마음을 마음 자체의 편안한 상태, 아무런 인위적인 것이 섞이지 않은 자연스런 상태, 그 자체의 투명하고 진동하는 상태에 머물게 합니다.

이러한 방법으로 반드시 영원한 자유에 이를 수 있습니다. 그 이유는 첫째, 사후세계에서는 의식체가 한정된 범위이기는 하지만 초자연적인 지각능력을 갖고 있기 때문에 사자는 무슨 말이든지 이해할 수 있습니다. 둘째는 신체의 모든 기능이 사후세계에서는 완전해지기 때문입니다. 셋째는 끊임없이 두려움과 공포에 쫓기고 있기 때문에 무엇이 가장 좋은 길일지 생각하게 되고 정신이 활짝 깨어 있어 자신에게 들려 주는 말은 무엇이든지 들을 준비가 되어 있기 때문입니다. 넷째는 의식체가 의지할 것을 갖고 있지 않기 때문에 의식체를 조종하기가 쉽기 때문입니다. 그렇기 때문에 사자는 이러한 가르침을 듣고 자유의 세계에 도달할 수 있는 것입니다.

환생의 과정 - 자궁문 선택하기

그럼에도 불구하고 자신을 가로막고 있는 악한 카르마 때문에 대자유에 이르지 못한 이들은 이제 올바르게 자궁문을 선택해야 합니다.

이때는 다음에 태어날 장소의 징조와 특징

들이 나타나게 됩니다. 사자는 태어날 장소를 관찰해서 선택을 해야 합니다. 대륙으로는 동서남북 네 곳의 모습이 보일 것입니다. 그 가운데 잠부라는 남쪽 대륙은 크고 아름다운 건물들이 보일 것입니다. 이 곳은 진리의 가르침이 퍼져 있는 곳이기에 가장 좋다고 할 수 있습니다.

그리고 환생할 운명의 징조들도 보입니다. 천상계에서 천신으로 태어날 운명이라면 온갖 보석으로 치장된 화려한 사원이나 저택들이 보일 것입니다. 이 곳은 들어가도 좋습니다. 만일 거인신들이 사는 아수라계에 태어날 운명이라면 멋진 숲이 보이거나 서로 반대 방향으로 원을 그리며 회전하는 불꽃들이 보일 것입니다. 이 곳에 대해 혐오감을 일으켜 절대로 들어가지 말아야 합니다.

만일 짐승들 사이에 태어날 운명이라면 바위굴과 지상의 깊은 구멍과 안개가 나타납니다. 이 곳도 역시 들어가지 말아야 합니다. 만일 불행한 귀신들이 사는 아귀계에 태어날 운명이라면 나무 한 그루 없는 황량한 평원과 낮은 동굴들과 밀림 사이의 빈터와 폐허가 된 숲이 보일 것입니다. 이 곳 역시 어떤 방법으로든 절대로 들어가서는 안 됩니다.

만일 지옥에 태어날 운명이라면 악한 카르마 때문에 울부짖는 노래 소리들을 듣게 됩니다. 음침한 대지와 흑백의 건물들, 땅 위에 난 검은 구멍들, 그리고 검은 길 등이 나타날 것입니다. 이곳으로는 절대 끌려가서는 안 됩니다.

사자는 좋든 싫든 자신의 카르마로 인해 수

많은 악령들에게 쫓길 것입니다. 그래서 사방으로 달아나야 할 것입니다. 그 두려움에 사자는 피난처에 매우 강한 매력을 느끼게 됩니다. 그곳이 바로 자궁입니다. 자궁에서 나가면 사후세계의 공포와 두려움이 또다시 엄습할까봐 겁을 먹게 되는 것입니다.

공포의 악령들이 쫓고 있을 때, 그리고 두려움과 공포가 일어날 때, 즉시 최상의 헤루카, 마두왕, 금강수, 아니면 자신의 수호신을 마음속으로 상상합니다. 그리고 수호신의 모습을 떠올리고 그들이 모든 해로운 악령들을 가루로 만들어버리는 능력을 갖고 있다고 상상합니다. 그때 자비의 힘과 축복의 파동이 사자를 괴롭히는 악령들을 멀리 떼어 놓을 것입니다. 그리고 그때 사자는 자궁문을 선택할 수 있는 능력을 얻게 될 것입니다.

　모든 악령들은 사자의 의식이 변해서 생겨난 것입니다. 존재의 근원에 대한 가르침을 기억하면 좋고, 그렇지 못하면 정신적인 힘으로 모든 것이 환영이라고 여겨야 합니다. 이것이 불가능하다면 어떤 것에도 현혹되지 말고 수호신과 자비의 신을 명상하십시오. 그러면 부처의 경지를 얻게 됩니다.

두 가지 선택

　극락세계에서의 초자연적인 탄생과 윤회계의 자궁문을 선택하는 두 가지 갈림길이 있습니다. 순수한 극락세계로 가는 길은 윤회계의 고통을 상기하고 서쪽 극락세계의 아미타불의 발 아래 태어나겠다는 생각을 진심으로 기원하는 것입니다. 마찬가지로 자신이 원하는 다른 세계에 대해 명상하면 됩니다. 예를 들어 미륵불이 있는 도솔천에 태어나기를 원한다면 진심으로 기원하면 됩니다. 그럼에도 불구하고 초자연적인 탄생이 불가능하고 자궁에 들어가고 싶거나 들어가야만 한다면 윤회계의 자궁문을 선택해야 합니다.

어떤 자궁이나 환영이 나타나더라도 눈에 보이는 대로 받아들이면 안 됩니다. 그것들에 유혹되거나 반발하지 않으면 좋은 자궁을 선택할 수 있습니다. 자궁을 선택할 때는 카르마의 영향 때문에 잘못 판단할 수 있습니다. 자궁이 좋아 보여도 이끌리지 말고 자궁이 나빠 보여도 혐오감을 갖지 말아야 합니다. 혐오감과 애착심, 또는 취하려는 마음과 피하려는 마음으로부터 벗어나는 것, 즉 조금도 편견을 갖지 않은 마음으로 자궁에 들어가는 것이 가장 중요한 기술입니다.

애착심과 혐오감을 떨쳐버릴 수 없다면 어떤 환영이 나타나더라도 불법승 삼보에게 기도하십시오. 모든 나약함을 버리고 헤어진 가족과 친척에 대한 애착을 끊고 천상계에서 나오는 흰색 빛의 길과 인간 세상에서 나오는 노란색 빛을 길을 따라서 걸어가면 됩니다. 이곳은 보석들로 장식된 대저택과 아름다운 정원으로 이어져 있습니다.

결 론

이 책에는 수많은 단계별로 여러 종류의 가

르침이 쓰여져 있기 때문에 그 중 하나에서 깨닫기만 하면 대자유에 이를 수 있습니다. 여러 단계와 수준의 가르침 중 어느 하나에서 사자는 마음에 선명하게 떠올리는 방법을 이해하고 자신의 상황을 바꾸려고 노력해야 합니다. 설사 수준이 낮아서 동물과 다름없는 이일지라도, 악업을 많이 지은 자라고 하더라도 구원을 요청함으로써 불행에 빠져드는 과정에서 방향을 돌릴 수가 있습니다.

그러므로 시신 곁에서 사자의 영혼에게 이 가르침을 생생하게 여러 번 반복해서 들려줘야 합니다. 이 사이에 시신을 움직이지 말고 편안하게 놓아둬야 합니다.

그리고 이 가르침이 효과적으로 행해지기 위해서는 사자를 위한다는 명목으로 절대로 동물을 도살해서는 안 됩니다. 또한 시신 곁에서 가족들이 슬퍼하며 눈물을 흘려서도 안 됩니다. 그리고 가족들은 가능한 한 선행을 베풀어야 합니다. (※《티벳 사자의 서》, 경서원 간)

어떤 사람이 삿된 생활로 뭇 나쁜 업을 짓는다면 그는 그 과보로 뒷날에는 지옥에 떨어지리라. 이른바 등활지옥(等活地獄)과 흑승지옥(黑繩地獄)과 중합지옥(衆合地獄)과 규환지옥(叫喚地獄)과 대규환지옥(大叫喚地獄)과 초열지옥(焦熱地獄)과 대초열지옥(大焦熱地獄)과 아비지옥(阿鼻地獄)이니라.

이러한 지옥에는 사방으로 각각 한 문이 있고 또 각각의 지옥문에는 네 가지 지옥으로 뻗히는 성이 싸여 있느니라.

무쇠의 성이 둘러 싸였고 죄악을 지은 이가 가득하나니 옥졸들이 죄인을 묶어다가 고기같이 가마에 삶느니라.

바위와 형틀과 매가 내려와 그 몸을 쪼개고 부숴 버리니 밤낮으로 언제나 슬피 울어서 목 마르면 구리물(銅汁)을 마시게 되느니라.

지극한 괴로움에 핍박되어서 소리를 지르며 크게 외치고 갖가지 형벌을 받기 때문에 사방을 향하여 피해 다니느니라.

어떤 사람이 어리석음에 가려 어지럽게 나쁜 소견을 일으키면 지옥의 고통을 부르는 것이니 지옥은 바다같이 깊고도 넓으니라.

낮고도 나쁜 소견은 나와 남을 모두 다 해롭게 하여 끝없는 괴로움의 인연이 되나니 그대들 스스로가 속박되는 것이니라.

삿된 소견에 집착되어 자기를 믿고서 교만을 내면 영원히 나쁜 길에 떨어져서 오래도록 무서운 괴로움을 받게 되느니라.

나쁜 업을 지은 까닭에 그대들 여기에 왔나니 못나고 어리석은 사람들아! 스스로 죄를 지었으니 어찌 근심하리요.

나쁜 일을 하고서 좋은 결과를 바라는 것은 어디로도 그러할 이치가 없으리니 깊은 못에 씨앗을 심은 것 같아서 열매를 맺는 일은 결코 없으리라.

어떤 사람이 제 마음대로 어리석어 자주자주 막행을 하면 조그마한 즐거움을 위한 까닭에 뒤에는 많은 괴로움 받게 되리라.

어리석은 이는 허망함을 즐기고 애욕에 집착되거나 번뇌를 일으키는 것은 모두가 미혹한 탓이다.

자기의 목숨이 다할 때에 아무도 구해 주는 이가 없나니 혼자서 험난한 길을 갈 때에 슬퍼하며 멀리멀리 떠나가리라.

그리고 그 지옥에는 본래 고통을 주는 도구가 없거늘 나쁜 업을 지은 중생들이 스스로의 마음에서 변화시킨 것이니라.

비유컨대 좋은 향을 태우면 홀연히 날아서 사라지고 그리고 한 무리의 날짐승이 저녁에 모였다가 새벽에 헤어지는 것 같으니라.

다른 이의 재물을 겁탈하거나 남의 몸과 목숨을 해치면서 많은 악을 짓는 것은 모두가 어리석은 사람이나 하는 짓이니라.

이렇게 어리석음을 따르기 때문에 어둠으로 들어가니 지옥의 불길에 그대를 태우고 그대를 삶을 때 헛되이 슬피 울어 무엇에 쓰리오.

그대들 지극히 미련하여서 죄악을 지었으니 한탄하지 말고 스스로 괴로움을 감수해야 하리라.

어리석은 이가 뭇 죄악을 짓고는 두려운 마음을 냈지만 죄업과 죄의 결과는 항상 따라다니나니 이것은 모두가 잘못된 인연에서 일어나는 것이니라.

착한 인연을 어느 때 지었던가 죄악을 끊을 수 없었기 때문이니라. 만일에 죄악을 여의는 이는 또 다시 지옥을 보지 않으리라.

어떤 이가 어리석음에 가려서 죄악의 과보를 깨닫지 못하면 그것은 삿된 스승을 만났기 때문이니 그들의 허물만 더해지는 것이니라.

지난날의 죄업을 두려워하여 항상 번거로운 마음을 갖게 되면 바른 가르침으로 죄업을 물리치지 못하고 마침내 괴로움에 쫓기리라.

만일에 모든 허물을 여의면 괴로움은 반드시 없어지나니 올바른 생각에 머물러서 모든 죄악을 짓지 말지니라.

만일 죄짓는 것을 즐겁게 여긴다면 그들은 괴로움에 괴로움을 더하는 것이니 어떻게 벗어날 수 있으리오.

마음에 싫어할 뜻이 없으니 그에게 어떠한 선정(禪定)이 있으랴. 그러므로 나는 죄지은 중생에게 불쌍한 마음을 내지 않으리라.

그대들 어리석음에 가려서 그릇된 행동을 지었으니 하늘에 태어날 바른 행을 잃고 가장 높은 선정도 잃어버리네.

처자와 그리고 권속에 얽매이면 벗어나기 어렵고 생사의 바다에 빠지면 의지할 곳은 하나도 없느니라.

탐욕으로 죄악을 지으면서 아내와 자식들을 위한다고 한다면 그것은 스스로가 괴로움을 받나니 그들이 그것을 어찌 알까.

한량없이 태어나는 사이에 항상 아름다운 색(美色)을 탐내고 그 때문에 모든 죄악을 지어 천박하게 되어도 부끄러움 없나니, 먼저는 죄악을 짓고 뒤에는 뉘우치지 않나니 그는 결코 지옥에 떨어져서 여러 생이 지나도록 나올 수 없으리라.

친한 권속이 많이 모인들 나를 어떻게 구제하리요, 다른 이가 욕심에 집착하는 것을 보아도 그와 같은 과보를 받으리라.

스스로가 착한 행을 행하면 반드시 즐거움의 결과를 받겠지만 어리석은 사람은 어리석음에 가려 도무지 깨달을 수 없으리라.

만일에 어리석음에 덮이면 탐하는 마음, 성내는 마음에 따라 괴로움의 세계에 태어나나니 애착하는 대상은 모두 남의 것이요 결코 자신의 괴로움은 면하게 할 수 없으리라.

안으로는 삼독에 불태워지고 밖으로는 지옥의 불길에 싸여서 무수한 세월 동안 극심한 괴로움을 받나니 어느 때에 나쁜 길을 면할 수 있으리요.

스스로 모든 죄악을 지어서 한 번도 부끄러운 마음을 내지 않으면 그러한 원인은 그대들이 지은 것이요 구제할 수 없는 일이다.

어리석은 행을 쌓고 쌓아서 죄악이 가득하구나. 청정한 계행을 지니지 못하니 괴로움의 과보를 어떻게 면할 것인가.

어떤 이가 나쁜 업을 지으면 그에 따라 곧 나쁜 과보를 받나니 마땅히 알아라. 괴로움의 인연은 스스로 짓고 스스로 받는다는 것을.

그대들 욕망의 밧줄에 이끌려 어지럽게 부끄러움 없어서 지극히 험악한 형벌을 받을 때 그 괴로움은 말할 수 없으리라.

어떤 이가 뭇 죄악을 지으면 반드시 모든 고초를 받나니 짓지 않으면 받지 않는 것, 모든 것은 원인이 없으면 과보도 없느니라.

이러한 모든 허물은 지옥의 과보를 받나니 모든 착한 법에 기뻐하는 마음이 없기 때문이니라.

복된 업을 닦지 않고 한량없는 죄악을 지으면 받는 과보도 그러하거늘 어리석은 이는 후회만 하도다.

착한 사람을 등지고 거짓을 많이 행하며 진실한 것을 닦지 않으면 즐거움을 구하여도 얻지 못하리라.

뭇 죄악을 짓는 것은 어리석은 마음에서 생기는 것이다. 오랜 세월 동안 괴로움을 받는 것은 모두가 과거에 지은 죄업의 탓이니라.

지옥의 모든 중생들은 옥졸에게 갇히고 묶여서 갖가지 괴로움을 받다가 업보가 다하여야 고통에서 벗어나리라. 그리고 어리석은 사람은 스스로의 마음에 속아서 지은 죄업을 깨닫지 못하고 번거로이 슬픈 생각을 갖느니라.

이롭지 않은 것을 좋게 여기고 좋은 벗을

원수같이 여겨서 자신과 남에게 해를 끼치나
니 그는 언제나 어두움 속에 있느니라.

삼독(탐욕, 성냄, 어리석음)의 나쁜 행은 깊은
원수와 다름없나니 능히 모든 중생들을 끌어
다가 지옥에 이르게 하느니라.

이러한 어리석음은 어디에서 나오는가? 모
두가 나의 것만 헤아린 탓으로 보시와 갖가지
행을 닦지 않은 까닭이니 무엇으로 제도할 수
있으리.

죄악은 으뜸가는 원수이니 나쁜 갈래마다
나타나는 것이다. 이 세상과 저 세상에서 서로
서로 헤어지지 않으리.

지은바 모든 죄악은 날카로운 칼날과 같고
훨훨 타오르는 불과 같나니 험악하고 두려운
것이어서 지으면 반드시 과보를 받게 되느니

라.

어떤 이가 마음이 고요하여 모든 사물에 집착하지 않고 어리석은 행동을 하지 않으면 반드시 나쁜 과보에서 벗어나게 되리라.

지옥의 괴로운 소리를 들어도 어리석은 이는 두려운 생각을 갖지 않으니 마치 마른 섶나무를 가지고 맹렬한 불 속에 뛰어드는 것과 같구나.

세상의 불길은 오래 가면 자연히 꺼지지만 업의 불길은 영원히 꺼지지 않는 것을 알아야 하느니라.

세상의 불길은 억지로 끄지 않아도 저절로 멈추지만 업의 불길은 장구히 계속되나니 만일 나쁜 행동을 하면 마침내는 그 불에 태워지리라. 그러므로 업의 저 불길은 언제나 지옥의

사람을 태우거늘 나쁜 길을 겁내지 않는 이는
이러한 고통을 면할 수 없으리라.

지혜로써 잘 간택하여 자기를 보호하고 나
쁜 행동을 멀리하면 모든 괴로움을 받지 않으
리라.

어리석음에 덮여서 뭇 죄악을 지어 극심한
괴로움을 받으면 슬피 울어도 그때는 이미 어
쩔 수 없는 일이다.

이른바 처음과 중간과 뒤와 그리고 괴로움
이 끝날 때까지 그 괴로움의 원인과 과보는 모
두 즐기지 말지니라.

과거 인간 세상에 있을 적에 온갖 나쁜 행
동을 많이 지었기 때문에 이처럼 험악한 업보
를 받나니 그대들은 마땅히 스스로 받아야 하
리라.

뒤바뀐 분별을 여의라. 인과(因果)가 항상 서로 응하니 과거에 지은 업에 따라 그 과보를 받으리.

그대들은 스스로의 몸에 대해 항상 아끼는 생각을 갖고 있으면서 어찌하여 산목숨을 죽이려고 틈틈이 엿보는가. 그대들은 재물을 구하기 위해 갖가지 괴로움은 모두 받으면서 어찌하여 남의 재물에 대해 훔칠 생각을 갖는가. 그대들 스스로의 부인들은 뜻을 다하여 보호하면서 어찌하여 남의 여자를 겁탈할 마음을 갖는가. 그대들 거짓말하는 죄를 지어 어진 이를 속이고 그르치며 남에게 믿음을 받지 못하니 그러한 입은 두렵기도 하여라. 그대들 술 마시는 죄를 즐기어 어리석음을 일으키고 올바른 가르침을 비방하나니 어찌하여 그것을

멀리할 마음은 내지 않는가. 그대들은 이렇듯
다섯 가지 악을 과거부터 지은 것이다. 지금에
그 과보를 받거늘 슬퍼한들 무엇하겠는가?

악한 가르침은 독약 같나니 마땅히 멀리 여
의라. 악한 가르침은 능히 모든 중생들로 하여
금 오래도록 고해(苦海)에 빠지게 하는 것이다.
그리고 탐욕의 불길이 삼계에서 훨훨 타는데
도 착한 일을 보고도 실천하지 않으니 뒷날 어
찌 즐거움을 얻을 수 있으랴.

간사한 웃음과 달콤한 말을 하여서 탐욕을
자라게 하면 이것은 커다란 허물이 되나니 반
드시 모두 다 끊어버릴지니라.

지옥에 떨어져 소리내어 크게 울부짖으니
옥졸이 말하되 그대들은 그대들이 지은 죄업
에 따라서 지금 그 과보를 받는 것이다.

모든 악을 멀리하지 않고 죄를 짓고 또 지으면 악업은 즉시에 자라나나니 과보를 받는 것도 이에 따르느니라.

미래의 괴로움이 두렵거든 현재에 착한 행을 많이 닦으라. 그러면 지옥의 과보도 없게 될 것이고 또한 슬퍼 울지도 않으리라.

방일은 나쁜 싹을 길러내나니 한량없는 모든 중생은 모두가 다 탐욕 때문에 악한 길로 들어가느니라.

그대 과거에 뭇 죄를 지어 탐욕과 나쁜 행동을 지었는데도 어리석은 이는 깨닫지 못하니 괴로움을 당하면 누가 대신하리.

자비의 마음 없이 모든 악을 따라 헤매나니 그지없는 고해 가운데서 무엇으로 제도되리요.

재물과 그리고 애착하는 것들은 목숨이 다

하면 모두 버려야 하나니 다만 뭇 죄를 지었기 때문에 지옥의 사자들에게 쫓기게 되느니라.

지극히 맹렬한 죄악의 불길이 허공에 가득 차 있고 또 땅 위의 어느 곳에도 치성한 불길이 빈틈없이 가득 하느니라.

괴로움이 간절하여 볼 수 없나니 두려움에 떨어도 갈 곳이 없다. 날카로운 칼날로 길을 만들어 죄인들을 걸어가게 하네.

험난함은 넓기가 바다와 같으나 짝 없이 홀로 떠나는 몸이여! 어느 때에 해탈을 얻을 것이며 뉘라서 이 몸을 구제해 주리요.

괴로움에 핍박되어서 앞으로 갈 수 없거늘 지옥의 결박과 구속을 받아 끌리고 끌리어 따라가야 하는 것이다.

처자와 친한 벗들과 권속들도 여기서는 모

두가 소용없나니 한량없는 재물로 구제해 주기를 바라지만 벗어날 길이 없다.

옛날에 방일한 까닭에 즐거움이 무너지고 괴로움이 되나니 죽음의 밧줄에 얽매이면 캄캄한 곳 어디로 나아갈 것인가.

염마의 옥졸은 지극히 포악하게 성을 내면서 얽어매고 능욕을 주니 마음에 커다란 두려움을 내도다.

내가 나쁜 곳을 보건대 갖가지로 벌을 주나니 온갖 중생들은 모두가 사나운 불길에 싸여 있고 큰 독사가 그대의 몸을 휘감으니, 슬피 울며 벗어나려 한들 돌아갈 곳도 없고 구제할 사람도 없구나.

검고 어두운 지옥에 떨어지면 깊고 넓기가 바다와 같나니 하늘에 빛나는 별빛을 영원토록 볼 수 없으리라.

이른바 다섯 감관(五根 : 눈, 귀, 코, 혀, 몸)을 말미암아 탐착하는 마음을 내어 삼계 안에서 헤매고 있나니 어떻게 고요할 수가 있으리요.

온갖 육신은 날카로운 톱으로 쪼개어지고 한량없는 지극한 고통은 말로는 다할 수 없느니라.

쌓이고 모인 죄가 산과 같아 고통에 항상 둘러싸이니 생각과 마음으로는 죄업을 짓고 몸으로는 그 고통을 받느니라.

지극한 괴로움의 핍박은 자기만이 아는 것이니 염마는 그에게 하는 말이 과거에 지은 죄를 살펴보라 하는구나.

만일 스스로의 죄를 알면 충분히 괴로움을 참을 수 있나니 업보가 다하지 못한 것도 낱낱이 스스로가 생각하리라.

과거에 어리석음에 덮였던 까닭에 지금은 헛되이 뉘우침을 내나니 그대 이러한 죄업을 지었기 때문에 스스로 이러한 과보를 받는 것이니라.

나쁜 행을 일으키고 또 가장 무거운 죄업을 지어 험난한 중에도 험난한 데 떨어지고 괴로움 가운데서도 지극한 괴로움을 받는구나.

어리석은 이가 죄를 짓는 것은 섶나무를 불에다 던지는 것과 같으니 이 겁(劫, 무한한 세월)에서 저 겁에 이르기까지 업이 다하면 벗어날 수 있느니라.

모든 하늘과 아수라, 그리고 야차와 귀신들도 내가 죽음의 밧줄에 얽히면 저들은 구해 주지 못하느니라.

그들의 밧줄에 얽매여 염마에게 끌려가면 두렵고 놀라워서 의지할 곳 없나니 업이 가는 곳마다 따라가느니라.

만일에 욕심의 허물을 여의면 삼계 안에서 가장 뛰어나나니 온갖 속박을 해탈하여서 다시는 모든 죄를 짓지 않으리.

만일에 화합하는 인연일진대 그것은 옛날에 아버님께 받은 바이니 그들은 이렇듯이 수고를 하였거늘 어찌하여 그대는 아버지를 살해하는가. 그리고 어머니를 해치는 죄는 이보다 더할 것이 없나니 지옥의 한 가운데 떨어져 가장 무서운 괴로움을 받으리라.

삼유(三有, 중생이 유전하는 迷의 세계)의 매듭을 끊으면 아라한(阿羅漢, 깨달은 이)이 되지만 어리석게 살생을 행하였기에 지금에 이러한 과보를 받는 것이다.

온갖 모든 법의 창고는 해탈의 문을 보였거늘 법으로 화합한 무리를 깨뜨렸기 때문에 지금에 이러한 괴로움의 과보를 받는 것이다.

언제나 거짓말을 하여서 동쪽을 가리키며 복을 말하고 진실이 없는 까닭에 지금에 이러한 괴로움의 과보를 받는 것이다.

그리고 다시 아첨하는 말로 진실의 보배를 무너뜨리어 나와 남을 이롭지 못하게 하나니 그러므로 지금에 이러한 괴로움의 과보를 받는 것이다.

두 말하는 나쁜 업을 일으켜 서로 비방을 하여서 친한 벗들을 흩어지게 했기 때문에 지금에 이러한 괴로움의 과보를 받는 것이다.

뜻 없는 나쁜 말을 하되 칼과 몽둥이 같은

말을 하여 다른 이로 하여금 번뇌를 일으키게
했기 때문에 지금에 이러한 괴로움의 과보를
받는 것이다.

자기의 몸과 목숨은 아끼면서 모든 중생들
을 해롭게 하여 언제나 자비스러운 마음이 없
었기 때문에 지금에 이러한 괴로움의 과보를
받는 것이다.

남들이 가진 귀한 재물을 훔치거나 겁탈하
여서 마음대로 다섯 가지 욕심을 누린 까닭에
지금에 이러한 괴로움의 과보를 받는 것이다.

욕심과 삿된 행동을 좋아하는 것은 마치 불
에다 나무를 더하는 것과 같으니 언제나 의혹
과 두려운 마음 내어서 착하지 못함을 자라게
하느니라.

삿된 소견에 집착하여 다른 이의 착한 뿌리

(善根)를 깨뜨리기를 좋아하면 끝없는 나쁜 과
보를 받고 괴로움을 받게 되리라.

이 모든 나쁜 것들은 그대들이 어리석게 따
르나니 모두가 몸과 말과 뜻으로 서로가 어울
려 지은 것이다.

그러한 죄악을 지으면 목숨을 마치려 할 때
괴로움이 나타나서 지옥의 사자에게 이끌려
빠르게 지옥에 떨어지느니라.

이 지옥의 괴로움은 견디기가 지극히 어렵
나니 아무리 바다가 깊고 넓어도 모두 태워서
마르게 하느니라.

어떤 사람이 모든 죄악의 인과가 괴로운 줄
알았다면 언제나 반드시 바르게 생각하여 악
행을 짓지 말지니라.

이른바 불(부처님)·법(부처님의 가르침)·승

(스님)의 보배는 공덕이 모두가 원만하여서 인간의 세상에 나게 하거늘 어찌하여 가까이하지 않는가.

처음에 작은 죄를 지으니 작은 불에 태워지는 것 같고 뒤에는 나쁜 업보를 지었으니 그것은 마치 불덩이에 몸뚱이를 던짐과 같으니라.

죄악에 대하여 근심하면서도 뜻으로 모든 죄악을 끊지 않으며 나쁜 과보 받을 것 생각하면서 그대들은 어찌하여 지금 다시 죄악을 짓는가.

분명히 알아라. 작은 죄악도 반드시 무수한 괴로움을 내나니 업보가 다하여야 벗어날 것이요, 다른 이는 아무도 구할 수가 없느니라.

염마의 심부름꾼이 살피고 밝힌 뒤에 석방하나니 업보가 다하지 않은 죄인은 여전히 옥졸에게 끌려다니면서 괴로움을 받느니라.

팔 다리 육신을 찢고 자르나니 무수한 죄과를 받는 저 중생들 슬프고 근심스런 울음을 터뜨리네. 그리고 어떤 중생은 남을 이간시키는 말을 많이 했기 때문에 그 죄업은 하나의 씨앗이 되어 뒷날 무수히 많은 악연을 가져오리라.

모두가 나쁜 지혜를 따라 다투고 어지러운 마음을 내어서 친근한 벗과 권속 사이를 모두 무너지게 하나니 그 죄는 큰 것이니라.

착한 말을 멀리하고 나쁜 말을 퍼뜨리면 반드시 그는 혀가 끊어지는 과보를 받을 것이니 원인과 과보는 서로가 한가지니라.

백 천 가지 공덕은 모두가 말로 인해 무너지나니 지금에 이러한 나쁜 인연을 만들면 어느 때에 벗어날 수 있으랴.

지옥의 복판에 떨어지면 지극히 뜨겁고 목
마르나니 그것은 비유컨대 마치 겨자씨를 수
미산처럼 큰 불덩이에 던진 것 같으니라. 그리
고 지옥의 불길은 다시 기갈에서 생기나니 타
락한 모든 하늘의 받는 과보도 이러하리라.

　　지은바 뭇 나쁜 업은 모두가 세 가지 업(입
으로 지은 죄, 뜻으로 지은 죄, 생각으로 지은 죄)
에서 일어나니 맹렬한 불길 속에서 피하거나
숨을 곳이 없느니라.

　　지혜가 없는 중생은 허망하게 분별을 일으
키어 착하지 못함을 착하다 하고 선량한 벗을
원수와 같이 대하네.

　　어찌하여 모든 중생들은 진실한 법을 깨닫
지 못하는가? 설사 그들에게 보여 주어도 사랑
하고 즐기는 마음 없도다.

바른 법 듣기를 싫어하고 설법하는 스승을 가벼이 여기나니 다섯 가지 혼탁한 이 세상에서 어떻게 지혜의 눈을 가질 수 있으리오.

어리석은 이는 애욕에 길이길이 미혹되나니 바른 법을 따르지 않았기에 스스로 깨달을 인연이 없도다.

어리석음의 밧줄에 끌리어 언제나 죄악을 즐기나니 지극한 괴로움을 받아서 헛되이 근심을 하느니라.

가장 큰 어리석음 때문에 법다운 설법을 법 아니라 하나니 그들의 원인이 뒤바뀌었으므로 그릇된 수행과 어지러운 공부를 하도다.

가려내는 밝은 지혜가 없어서 다섯 가지 욕심을 즐기나니 착한 일은 실천하지 않고 악한 일은 닥치는대로 하는구나.

모든 하늘이 마음으로 쾌락에 집착하여 방일의 불 속에 뛰어드나니 착한 인연을 만나지 못해서 그들은 타락하는 길을 따르리.

그리고 어리석은 사람은 어질고 착한 이를 미워하면서 거짓으로 갖가지 위엄을 나타내고 남을 속여 자기의 이익을 구하느니라.

입으로는 바른 법을 말하면서도 마음으로는 남의 흉만 보는 사람은 이 세상에서 제일로 죄악이 많은 사람이니라.

어떤 이가 욕락에 집착하면 그것은 괴로움을 갈구하는 것과 같은 것이다. 스스로의 마음에 속은 것이니 즐거움이 무너지면 남이 받지 않으리. 그러므로 바른 지혜로 항상 바른 행을 닦아서 옳지 않은 모든 행동은 끝끝내 영원히 끊으라.

다른 이를 이롭게 하고 마음을 모아서 잠시
도 놓지 말며 언제나 맑고 착한 법에 의지할지
니 마땅히 이렇게 머무를지니라.

(※ 한글대장경 구판번호 71 제법집요경에 수록된
지옥품을 약간 윤문하여 실었음.)

영가천도와 49재

제1판 1쇄 발행 • 2000년 4월 20일
제1판 3쇄 발행 • 2005년 2월 18일
감 수 • 종진율사
글쓴이 • 박 연 진
펴낸이 • 윤 재 승
펴낸곳 • 도서출판 민족사

등록 • 1980년 5월 9일(등록 제1-149호)
주소 • (110-130)서울시 종로구 청진동 208-1 금강빌딩 2층
전화 • (02) 732-2403~4 팩스 • (02) 739-7565
E-mail • minjoksa@chollian.net
ISBN 89-7009-842-9   03220

값 3,500원